THE VISION《ザ・ビジョン》

あの企業が世界で急成長を遂げる理由

―江上隆夫
Takao Egami

朝日新聞出版

渡辺徹郎さまへ

すべてはビジョンから

江上隆夫

2022.12.22

日本の、希望を燃やす、
すべてのスタートアップと若きリーダーたちに本書をささげます。

はじめに

Introduction

私は30年以上、自分の仕事として多くの企業のブランドづくり、広告づくりに関わる中で、ビジョンづくりにも関わってきました。そういう意味では素人ではありませんが、さまざまなビジョンを対象に研究をしている専門家ではありません。

なぜ、ビジョンづくりの本を自分が書くのか。私は企画が通り、執筆をスタートしても、この問いが頭を離れることがありませんでした。しかし不思議なことに自分の胸の奥には圧倒的に書きたいという思いがあります。なぜ、私はそれほどまでに書きたいのか。

私は、長年にわたって広告代理店のクリエイターとして、また独立後はクリエイティブの会社経営者として、さまざまな規模のブランドや広告キャンペーンの構築を行ってきました。

もっとも長く携わっている仕事はコピーライター、そしてクリエイティブ全体を統括するクリエイティブ・ディレクターです。クリエイティブ・ディレクターとは、クリエイティブ全体を率いるプロデューサー役の仕事です。

本当にさまざまな業種の企業に関わらせてもらいました。
ざっと思い出すだけでも……自動車、製薬、精密機器、制御機器、ＡＶ機器、化粧品、食品、ＩＴ、流通、飲食、文具、証券、保険、金融、飲料、住宅、建設、旅行、宿泊業、玩具、教育、官公庁、通信機器、エンターテインメント……。外資系もあればBtoB（企業間取引）企業もあります。売上規模も数億円から、誰でも知っているような1兆円を超す企業までさまざまな所とお付き合いさせてもらいました。
私の仕事は、企業や自治体などの組織が抱える課題をコミュニケーションやデザイン、発想の力を使って解決に導くというものです。つまり、問題解決が私の仕事の本質なのです。

問題解決を行う場は、実社会なので、いまの時代や社会の在り様をしっかりと把握することが、まず大前提になります。すると自然に世界の政治、経済の動向からＡＩ、自動運転などのテクノロジー、女子高生の生態、小中学生の流行《はや》り、シニアの困りごと、ブレイクしそうな俳優・タレントに至るまで、世の中のさまざまな動きを頭に入れることになります。全体の潮流と個別の現象との間に何があるかを考えたり、探ったりすることも求められます。少なくとも私はそういうふうに、無数の情報に接し、またそうした情報の根底にあるものは何だろうと考えてきました。

私が、クリエイティブの仕事を生業としたのは１９８０年代半ばです。日本経済が、世界史の中で、たぶん初めてで、そして最後であろうピークを迎えた時代です。バブル経済の興隆は、私たちに踊り狂うような熱狂をもたらしました。もう誰も口にすることもありませんが「ネアカ」「ネクラ」という流行語がありました。要はパッと明るいポジティブな態度「根が明るい：ネアカ」を世の中は歓迎し、考え込む、動きの鈍い「根が暗い：ネクラ」は忌避《きひ》された時代です。

忘れられない光景があります。

当時、私が勤めていた広告代理店は東京・銀座にあり、残業で終電が近くなるとタクシーがまったくつかまらなくなるのが常でした。午前2時頃になっても飲んで引き上げる人々がタクシー乗り場に長い列をつくっていました。

１９９０年の年末近くだったと思います。疲れていて早く帰りたかったのですが、終電から朝5時までタクシーがまったくつかまらないのです。タクシー乗り場はもちろんですが、その銀座のタクシー乗り場規制が及ばない新橋駅そばの第一京浜道路沿いにも、ほぼ20メートル置きに人が立ち、手を上げているのです。諦めて始発で帰宅した記憶があります。飲んで騒いだ数万人が銀座に莫大なお金を落とした夜だったのでしょう。飲食代もタクシー代も自由に使える人が無数にいた時代、たぶん私が体験したバブルの最後の象徴のような光景でした。

翌1991年3月、バブルは終わります。熱狂の渦は跡かたもなく消え去り、気づけば私たちは知らないうちに坂道をゆっくりと下っていたのです。

当時GDP（国内総生産）で世界第2位。最高で世界シェアの17％を超えていた日本のGDPはいまでは6％程度であり、2010年に2位に上がった中国は、もうGDPで日本の3倍近くに達しようとしています。失われたといわれる時代は、体感的にはいまだ延長されています。

そして、この間「もっとも何が失われているのか」と百人に問えば、百様の答えが返ってくるでしょう。こうした時代の流れを見ながら、ここ1、2年で私の中に浮かび上がってきたのが、日本からもっとも失われているのは「ビジョン」ではないかという思いでした。

ブランドづくりに関わることの多い私は、お付き合いする企業や商品、ビジネスのビジョンやミッション、あるいは存在意義など、理念的なことをともに考えることが仕事の大切な部分です。その目線で世の中を見渡すと、無数にある企業も、さまざまな組織も、そして日本そのものにも次の時代を感じさせるビジョンを見ることはほとんどありません。

いったい私たちは、これから何を目指し、どのような理想を実現したいのか。
この先100年は続くであろう人口減少をどのようにやり過ごしていくのか。
1000兆円を上回る借金をどのように減らしていくのか。
爆発的に進歩するAIとどのように共生していくのか。

地球上を見えない貨幣が瞬時に移動し、新しいテクノロジーが既存市場をまたたく間に駆逐し、そして温暖化などの環境問題が待ったなしの状況下で、私たちはどのように進めばよいのか。だれも、この状況を乗り越えるビジョンを示し得ずにいます。もちろん私も含めてです。

さらに不思議なのは、私たちの手元に航海図となる「ビジョン」がないことに、不安の声がわきおこることもありません。「ビジョン」がないということは、地図を持たない登山であり、GPS（全地球測位システム）のない航海です。
どの頂を目指しているのか、登っているのか下っているのかも分からない登山、目指す港も決めず、あてもなく海を漂う航海と言ってもいいでしょう。そう、それはもはや登山でもなく、航海でもないのです。表面上は呑気な、でも無謀さを秘めた、ロシアンルーレットのような危険な賭けなのです。

私たちは漂えばいいのでしょうか。私たち日本人は流されるだけの人生を選んでいるのでしょうか。目標も目的もない人生。そういう会社、地域、未来、生活を望んでいるのでしょうか。もし、多くの人々が「だれかが、なんとかしてくれる」と思っているとしたら一種の病です。ひとり一人に引きつけて考えてみれば風まかせの、行き先知らずの、他人まかせの人生。私は少なくともそうでありたくはない。そして、この国でもがいている多くの人もそうではないと信じています。

こうした思いが、ときに止められない衝動として私の中にわき起こります。

日本、アジア、世界も含めた、この世の中がもっと生き生きとし、活発で、そして平和で穏やかな世界であってほしい。課題先進国でもある日本には、その解決を通じて、新しい社会や人の在り方を示してほしい。そして、できるだけ多くの人たちが幸せを感じながら暮らしていってほしい。そう心から思います。その手助けをできないかと、私がたどり着いたのが、こうした抽象的な思考である、ビジョンやコンセプトなどの考え方、つくり方、使い方をひも解いて、多くの人に手渡していくことでした。

この本は、リーダーのための本でもあります。世界を率いていく覚悟を持つ若者でも、夢を抱きつつ困難な選択に挑む若きスタートアップでも、現場で悩みつつ組織を率いるシニアでもいい。自らの未来、多くの人の未来を良きものにしたいという意志を抱いているのなら、その人はリーダーです。まだ会ったこともない多くのリーダーに向けて、この本を書きました。

ビジョンとは、何かを選びとるという選択の問題であり、それは得たビジョン以外のものを捨てる、という怖い行為でもあります。企業がビジョンを創るということは、どのような業種であれ、この世界を少しでも良きものにするための一歩を踏み出すということです。なぜならビジョンは、企業が、すべての組織が、この世に存在する理由に他ならないからです。

定めたビジョンに向かって進むということは、自らの手で世界の何かの問題を解決し、価値を反転させ、たくさんの人に喜びを与えようとすることです。それを勇気と称える人もいれば、ほら吹き、蛮勇と嘲笑する人もいるでしょう。それでもビジョンに向かって進む。「進む」と確信をもって答えられるビジョンが、自らの手元にあることが、どれほど幸福なことなのか。それは見事なビジョンを掲げて拡大する組織を見ていると分かります。

哲学の用語に「投企」ということばがあります。「投企」とは「自己の存在の可能性を未来に向かって投げ企てること」(『広辞苑　第七版』岩波書店)です。私たちが生きて行く世界はままならぬ世界です。しかし、その世界で可能性を試し、何を追求するかはすべて私たちに任され、委ねられているのです。

自らの未来に対するビジョンを描き、そこに自らを投げ企てること。怖さもありながら、でもワクワクする気持ちもわいてこないでしょうか。

未来は、無数のビジョンが創ります。ビジョンを生きるということは、夢を描き、希望とともに生きるということです。それは主体的に選びとる生き方であり、経営です。何かを情熱を持って創造する生き方です。

ソニーの設立趣意書にある「理想工場」ということばが、敗戦直後の約20名の若者を奮い立たせたように。そうしたビジョンにたどり着く方法を、この本で考えていきます。

江上隆夫

THE VISION

index

目次

Part 1

ビジョンとは何か

第1章

Chapter 1

ビジョンを失うとすべての衰退が始まる

第2章
Chapter 2

なぜ、優れたビジョンを持つ企業は成長し続けるのか

第3章
Chapter 3

21世紀のビジョン企業であるために

第4章
Chapter 4
ビジョンで最高の未来を創るためのヒント

Part 2

ビジョンをつくる

第5章

Chapter 5

「最高のビジョン」のつくり方

1 ビジョンを定義する

2 ビジョンを見出す

第6章 Chapter 6

リーダーシップがビジョンを定着させる

Book Design 新井大輔

第一部
ビジョンとは何か

Part 1

「ビジョンとは何か」を詳《つまび》らかにし、
基礎的な知識を共有しながら、現状の整理をします。
ビジョンづくりの事前準備が第一部です。

第1章 *Chapter 1*

ビジョンを失うとすべての衰退が始まる

私たちの足元から、巨大な変化が始まっています。

この面白くもあり、刺激的で、そして容赦のない津波のような変化は、古きものも、良きものも、悪しきものもすべて呑み込みながら、私たちを想像もしえない場所に連れていきます。

このような時代にビジョンがないということは、流されるがまま、為すがまま、翻弄されながら漂うことに他なりません。第1章では、ビジョンから見た日本の現状、私たちの在り様を考えます。

予測不可能な未来を生きるために

未来は予測不可能であると同時に予測可能でもあります。

私たち人間の暮らしがＡＩやテクノロジーでどのように変わっていくのか、世界で頻発する紛争は収束するのか。またテロが起きない日はいつ来るのか。人種差別やＬＧＢＴのような性差による差別は無くなるのか。誰にも予測はつきません。

しかし、ＡＩや遺伝子工学、量子コンピューター、拡張現実などのテクノロジーの進化は続くし、その大きな流れがとうとうと未来に向かっていることは確信できます。さらに、地球温暖化や人口の激増、資源の枯渇などの現実は、このままいけば大きな影響を地球の生態系にもたらすことも確実（というよりもう与え始めていますが）だと予測できます。

未来は個別の事象においては予測不可能ですが、大きな潮流に関しては大体のところは予測可能なものでもあるのです。

人間の頭脳は、未来の不確定要素を予測し、それに対処する知恵を出すようにできています。それは進化の過程で私たちの祖先が身につけた能力でもあります。そうでなければ私たち人間は、自分たちよりはるかに強く敏捷《びんしょう》な捕食者たちに食べられていたし、不安定な天候のもとで、農業を続けて行くこともできなかったでしょう。

予測し、対処する。私たちの中には、そうした能力が確実にあります。

現代の複雑なビジネス環境を、企業あるいは個人が生き抜いていくときも、たぶん、この本能が働いています。「熾烈な競争環境」「サバイバルレース」「食うか食われるか」「呑み込まれる」などビジネスを表現することばには、過酷な生存環境を比喩的に用いることばが数多く登場します。まさに、これは私たちの本能的なものを表していると言ってよいでしょう。

そして、厳しい実業の世界を生き抜くため、という前提でつくられるビジョンがあります。よくあるのがシェアや数値をビジョンとして掲げる例です。これは残念ながらビジョンではありません。ただの目標です。ただの数字なのです。私たちは、ただの数字に世界をより良くしていこうという意志は感じないし、共感も持ちえません。

私がイメージするビジョンとは、**主体的に世界を創造したいという情熱にあふれたビジョン**です。生きていく、生き抜いていく大変さは承知しながらも、それを上回る情熱で、こうありたい、これを実現したいという気持ちがにじみ出たビジョンです。

それは世界を変える意志とでも言うべき、強い気持ちを奥底に秘めています。数字で示されたビジョン（実際は目標）とは天と地ほども違うと言ってよいでしょう。

自分たちが住む、この世界を、より良きものにしたい。

私は、戦いや差別がなく人々が笑顔でいきいきと暮らす世界を、その遠い射程の中に、ほんの微かにでも感じさせないビジョンは、ビジョンと呼びたくはありません。

この本でテーマにしていくビジョンとは、世界をより良きものにしたいという意志を秘めた能動的ビジョンです。

このタイプのビジョンを私たち〝日本人〟は生み出しうるのか。

私は、生み出せると言いたい。

しかし、日本人とあらためて挿入したのは、この本の読者であろう日本語を母語とする人々、つまり、私たちが、それがとても苦手だという認識が、強く、強く、私の中にあるからです。

私たちは、未来を構想すること。さらに、それをみんなで共有し、そこに向かって試行錯誤しながら歩んでいくことがとても苦手です。つまり、ビジョンをつくり、それを実現することが、あまり出来ていない。

特に1990年代にバブルがはじけて以降、顕著です。

残念ながら、この国がどのような未来を描いているのか。この国の有力な企業や産業が世界をどのような状態へと導いていきたいのか。この国のトップ層、政治家、官僚、経済人あるいは知識人が私たちのあるべき姿をどう構想しているのか。ほとんど聞いたことがありません。耳に入ってくるのは、来るべき未来にどうしたらよいのだろうという戸惑いと、とりあえずこうしようという一時的な対処のことばだけです。

それで、よいのでしょうか。よいわけがないのです。


ビジョンのない日常は、ただの風まかせの行き先も分からない航海です。誰が舵を取っているのか、どこに行くのかも分からない船に乗る者はよほどの物好きでなければいないでしょう。私たちは意志を持って、どういう未来を望んでいるのか、どんな世界で生きたいのかを明らかにし、みんなで共有できることばにしたビジョンを持つ必要があります。国から自治体、企業の大小を問わず、行ってしかるべきです。

ビジョンなくして進めば科学とテクノロジー、世界の変化の激流に呑み込まれるだけの運命が待ちかまえています。時は待ってくれません。私たちは、ビジョンを構想し、実行する意志を持たなければならないのです。

私たちにビジョンがあった時代とは

私たち日本人の多くは、私たち自身で共有できるビジョンを描き、それに向かって進んでいくという習慣がほとんどありませんでした。

それはさまざまな所で述べられている通り、ユーラシア大陸の東端に、海で切り離された列島群という地理的な条件の中で、何万年も暮らしてきたことが必然的に生み出した特性です。鎖国という、外界との接触を極端に制限する制度を持てること自体が、実は奇跡的なのです。イギリスも同じように島国ですが、海峡をはさんでフランス、ベルギー、オランダに面していますし、もっとも大陸に近いドーバー海峡は対岸まで34キロメートルしかありません。東京ディズニーランドから東京湾の出口に近い三浦半島の観音崎灯台までが42キロメートル強なので、いかに近いかがわかります。さらにパリ、ブリュッセル、アムステルダムなどの隣国の首都がロンドンから直線で360キロメートル以内に収まります。東京－京都間が直線で370キロメートルほどなのを考えると、イギリスは島国といえども、常に世界を意識することを義務付けられてきたと言えるし、日本はそれをせずに暮らしていくことが可能だったと言えます。

しかし、**日本も、この200年ほどで見れば、黒船来航から明治期にかけての数十年、そして第二次世界大戦が終わってからの高度成長期までは、大きなビジョンで動いていました。**

黒船来航で日本は鎖国から目を覚ましますが、そうして世界情勢を理解し、実感したあとの日本の近代化は世界史上の奇跡ではないかと思えるほど急激であり、急速です。

武士が支配階級として帯刀し、町を闊歩していた江戸時代から明治に変わったのは1868年。その3年後には欧米12カ国に使節団を派遣し、郵便事業を開始。翌1872年には新橋から横浜の間に鉄道の開業、電信の開始、学制での学校設立、新聞の発刊、キリスト教解禁などが行われています。身分制を廃止した四民平等や廃藩置県も含め、近代国家に必要な物事をほぼ5年以内に始めているのです。

新政府が描いたビジョンは「富国強兵」ということばで表された「西欧型中央集権の近代国家」でした。いまの時代感覚と比較しても、物凄《ものすご》いスピード感で、日本を近代国家にするという明確なビジョンに挑んでいったことが分かります。

戦後の日本も、この明治期の日本と同じようなスピード感で動いていきます。

1945年8月に終戦。その翌年の46年には本田宗一郎《ほんだそういちろう》の本田技術研究所（ホンダ）、井深《いぶか》大《まさる》と盛田昭夫《もりたあきお》の東京通信工業株式会社（ソニー）が設立されています。翌年には6・3・3制の学制を実施し、50年にはNHKのテレビ実験放送が始まり、そこから数年で民放ラジオ局の開局、スーパーマーケットのオープン、航空機の日米間の国際線開設、初の自動車ショーの開催と続きます。

この時の日本のビジョンは「とにかく経済復興」です。そして、裏側のテーマとして「主権国家への復帰」でした。

「もはや『戦後』ではない」と経済白書に記されたのは56年。戦後11年しか経っていません。高度成長が始まっていました。そして、池田勇人《いけだはやと》が国民所得倍増計画を掲げたのが60年。最初の東京オリンピック、新幹線の開通が１９６４年ですから20年以内に奇跡に近い復興をとげたことになります。

わずか20年です。バブル崩壊以降の「失われた20年」の時間感覚を考えると、そのエネルギーに圧倒されてしまいます。ちなみに１９６０年の労働者の平均月収は1万８０００円台。それが１９７０年には5万２０００円を上回ります。所得は倍増どころか3倍近い数字を叩き出します。所得倍増は当然のように達成されました。

ビジョンではなくリアクションで対応する日本人

ただ、あえて、本当にあえて、この二つの世界史の奇跡に文句をつけさせてもらえば、いずれも「外圧」を起点としているということです。

明治維新は文字通り、外国からの開国圧力であり、終戦後は「敗戦国」と「米軍による占領」という圧倒的な外圧がありました。奇跡的ではありつつも、自らの要請や願望、意志などの「内圧」に応じて主体的にビジョンを描き、それを形にしていったわけではありません。

これはたとえて言えば、**テレビのリアクション芸人に近い方法論**です。

つまり、その時々の与えられた状況に見事なスピードと柔軟性で対応し、さらにそのことを可能なかぎり活用して、自らを有利なポジションに置き、成長させる。日本人は、伝統的に、そういうやり方でビジョンを描き、使ってきました。

これは良い悪いは別にして、自らにこだわり続けながら、内在する論理を探り、それをもとに何ものかを創っていくのではなく、状況にリアクションしながら、自らの在り様を決めていくやり方です。ユニークな視点を提供する思想家・内田《うちだ》樹《たつる》氏がおっしゃるように、なぜか私たち日本人は、そういうときに、ずば抜けた能力を発揮してきたのです。**本物が外にあり、そことの差が圧倒的であり、でも、追いつかないと私たち自身がダメになると思ったときに、私たち日本人の能力は最大化する**ようなのです。

ただ、現時点では、私は、日本の社会が次の時代に対して動き出している実感が持てずにいます。ぬるま湯的な井戸の中で過ごしている状態にしか思えません。カエルのように、浸かっている水がお湯になることに気づかずにいる。気づいた時にはもはや井戸の外に出る体力はありません。それとも危機が切迫してきている状況の中で、伝統的なリアクションというやり方でもいいから、新しいビジョンを生み出し、実行していけるのか。

それはひとえに、私たちがシビアに現状認識できるかどうかにかかっています。私たちがビジョンを打ち立てるべき時代はとっくにやって来ています。

日本礼賛番組と『進撃の巨人』ブームの関係

「日本はスゴイ！」というテレビ番組や著作がヒットするようになったのは、いつからでしょうか。外国の方から見た日本、日本人の良さや魅力を取りあげる番組。日本人そのものの良さを取りあげる番組。あからさまに日本をほめるようになった番組に、ときに違和感を覚える人は多いはずです。

日本の多くの経済指標は1995年を境に落ちています。この年はWindows95（ウインドウズ95）が発売され、インターネットの普及が爆発的に始まった象徴的な年でもあります。

それから10数年、2007年にはiPhone（アイフォーン）が世界を席巻し、2008年には日本でも発売となりました。私の肌感覚ではこのあたりから、つまり2010年前後、中国のGDPが世界第二位になり、経済産業省が「クール・ジャパン室」を設置し、少しずつ日本経済の凋落《ちょうらく》が明らかになり始めたころから、こうした日本礼賛番組が増えてきたように思います。

多くの人の実感だと思いますが、「わたしはスゴイ！」と言って同意を求めたがる人にあまりスゴイ人はいません。少なくとも私は会ったことがありません。そう言ってくれないから自分で言うのであって、他人から称賛を集める人間は逆に「なぜ自分を称《たた》えるんだろう。それほどでもないのに」といぶかります。謙虚であろうとします。では、なぜ「わたしはスゴイ」と言われたがるのか。それはスゴイと言ってもらわないと心理的なバランスが取れないからです。

要は、これらの番組は日本人である私たちの「いまのわたしを認めてほしい」「大丈夫だと言ってほしい」という承認欲求を満たすために存在しているのです。つまり、1945年から経済的な隆盛を追い求めてきて、それをいったんは達成し、しかし、そのポジションから転がり落ちた時に、私たちは頼るすべのない海に放り出されたような気持ちを抱いたのです。

不安と恐怖を基調とする、人間を捕食する巨人との戦いを描いた漫画『進撃の巨人』(諫山創作、講談社)の連載が始まったのが2009年でした。この漫画のブームと日本礼賛番組の隆盛は明らかにカードの裏表の関係にあります。

アメリカ系のIT企業が新しい技術・サービス・商品で世界を席巻し、中国や韓国、台湾の企業が世界基準の商品を展開しています。しかし、日本企業は、もうずいぶん長い間こうした商品やサービスを生み出せていません。明治期以降およそ150年以上もの間、アジアのトップの国として存在していた日本が国力的には2番手、3番手へと滑り落ちてゆく怖さ。私たちは、いまその感情と向きあっています。

日本人の若年層の死因は自殺が事故を上回り、全体の自殺率はアメリカの約1・5倍、イタリアの2・5倍以上です。徐々に減ってきてはいるものの、依然として他の先進諸国と比べても高い数値を記録しています。私たちは、漠然とした不安、未来の見えにくい息苦しさの中に生きているのです。

坂の上に雲を見ず、坂の下に幸せを見る

劇作家・平田オリザ氏に『下り坂をそろそろと下る』（講談社）という本があります。日本という国は、このタイトルに象徴されるように、下り坂を下っていかなければならない時期に差しかかっています。というより、もはや下っていること、つまり国力としては衰退に向かっていることを私たちがどう認識また共有し、どう「その坂をゆったりと、かつ明るく元気に下ってゆけるのか」という方策を考えなければならない、その真っ只中に居ます。

２０１１年に公表された米シティグループの２０５０年予測値だと、日本のＧＤＰは２０３０年に世界4位（3位はインド）で、２０５０年には世界8位。２０１０年に日本を少し上回る程度だった中国のＧＤＰは、２０５０年には日本の12・5倍にまで膨れ上がります（Global Economics View　Global Growth Generators：Moving beyond 'Emerging Markets' and 'BRIC'）。

一人当たりの購買力平価は調査によって違いはありますが、現時点でも世界で20位以下であり、お隣の韓国とそれほど違いはありません。

日本経済は１９８０年代初頭から91年3月のバブル崩壊まで有史以来のピークに達しました。

冷静に考えれば、日本という国が世界の中であの当時と同等の経済力を有する国になることは、おそらく、ここからの100年、ないでしょう。それは人口データや各種の統計を見れば、専門家でなくとも判断できます。

この本に書かれた平田氏の認識、感慨、覚悟は、そのまま世代的に近い私自身の思いとほとんど重なります。私が見受ける限り、多くの人はまだ日本は大丈夫だろうと高を括っているようです。しかし、こうしたデータや人口減少が引き起こすさまざまな課題を冷静に受けとめるなら、経済成長、ゼロ成長でも一人ひとりが幸せであるような次世代のためのビジョンをつくることが急務であることが理解できます。もちろん、どんなに国力が下がろうとも生きては行けます。日本が滅び、日本人が世界から居なくなるわけでもありません。

しかし、誇りを持ち、隣人を愛しながら、笑顔で日々を送る人が多い国であることが、このままでいて可能なのか。そう自分自身に問いかけるたびに、また日本の現状を見るにつけ、不安な気持ちがよぎります。

そして、つくづく思うのは（私の見聞きする範囲内という断り書きつきですが）、たくさんの企業がビジョンあるいはそれに類するものを掲げてはいても、本当の意味で、このような未来を見据えてビジョンをつくっている企業は、ごく少数しか存在しないということです。

もちろん、ビジョンがなくても立派に経営されている組織はたくさんあるでしょう。優れたビジョンがあることが優れた経営の絶対条件ではありません。

しかし、人類史でもまれに見る変化の激しい時代（100年以上は続くのではないかと想像します）に、未来像を描かずに突き進むことは、外界の状況の対応に追われるだけの「リアクション経営」「リアクション人生」「リアクション国家」です。主体的に創造するという自らの意志を感じることはありません。これは、あらゆるところに蔓延《はびこ》る日本と日本人の病理ではないかと思うのです。この病理は克服されねばならない。また克服できると私は考えます。

高度成長期の日本のすぐれたビジョン企業

ビジョンを描くのがヘタなことを日本と日本人の病理とまで表現しましたが、素晴らしい達成を見せた企業がいくつもあります。

「日本人がつくったビジョン」といえば、私はいつも井深大《いぶかまさる》氏が起草したソニー（設立当時は東京通信工業）の設立趣意書（図1）を思い出します。立ちあげ当時、井深氏は30代、盛田昭夫《もりたあきお》氏はまだ20代半ばです。格調高い文章には設立の思いの中で「この国家的大転換期における社会

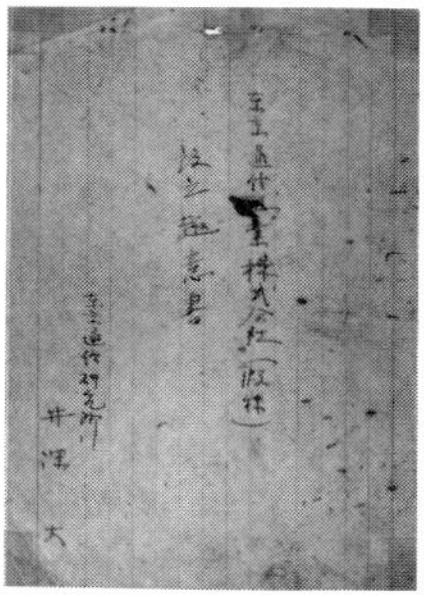

図1　ソニー（当時　東京通信工業）の設立趣意書　©ソニー株式会社

情勢の見透しができず」とあります。

しかし、国の再建の見通しがまだ立っていない中で、趣意書の前文は、たぶん当時最先端であったであろう自分たちの技術を使って最高のものをつくる希望と喜びと、そのことによって戦後日本の復興を助けようという気概にあふれています。

以下に「会社設立の目的」を転載します。

一、真面目なる技術者の技能を、最高度に発揮せしむべき自由闊達にして愉快なる理想工場の建設

一、日本再建、文化向上に対する技術面、生産面よりの活発なる活動

一、戦時中、各方面に非常に進歩したる技術の国民生活内への即事応用

一、諸大学、研究所等の研究成果のうち、最も国民生活に応用価値を有する優秀なるものの迅速なる製品、商品化

一、無線通信機類の日常生活への浸透化、並びに家庭電化の促進
一、戦災通信網の復旧作業に対する積極的参加、並びに必要なる技術の提供
一、新時代にふさわしき優秀ラヂオセットの製作・普及、並びにラヂオサービスの徹底化
一、国民科学知識の実際的啓蒙活動

その後の1980年代までの東京通信工業～ソニーの躍進は御存じの通りです。私は、ここに優れたスタートアップの理想形を見ます。

優れたスタートアップには、三つの特長があります。

第一には、**世の中を革新する「ベスト・オブ・ベスト」を提供しようとする意志とエネルギーがあること**です。これはことばを変えれば自らのアイデア、技術、情熱に最高の可能性を見ているということでもあります。ソニー、Apple（アップル）、Google（グーグル）の草創期に、時代や国は違っても同じような、向日性の圧倒的にポジティブなエネルギーを感じるのは、そのせいだと思います。

二番目は、**「オープン」であるということ**です。開かれていて隠すことなく、すべてを忌憚なく議論する。そうした健全な風土があります。規模の小さい時期ですからフラットな組織で

あり、風通しの良い風土であるのは当たり前かもしれませんが、人は同じ集団内で数が多くなるほど同質の人とつるむ性質があります。この性質はときとして排他的な性質を帯びて、組織をオープンとはほど遠いところに追い込むのです。

近ごろの、不祥事で記者会見を開く企業は組織に柔軟性がなく、オープンな風土から遠ざかっているはずです。組織としてのオープンな風土を保ちつつ、前に進むことだけは見失わない。最近、私自身が仕事でかかわる若いスタートアップでも優れた業績を上げているところは、例外なくオープンです。

そして、三番目は**個性を認め、面白がる風土**です。いまよく使われることばなら多様性を意味する「ダイバーシティ」でしょうか。多様性とは「意外性を尊び、偶然を歓迎し、例外に注目する」態度です。つまり、方向さえ間違えなければ、すべてを一旦はウェルカムとして受け入れる構えです。

ソニーは創業当時から、こうした三つのDNAを持った企業であることは、トランジスタラジオやテレビのトリニトロン方式の開発、家庭用ビデオのベータマックス方式の失敗、あるいはAIBO（アイボ）などの発売を見ると確信できます。

高い目標を掲げながらも、失敗が許される、あるいは失敗を許容する風土は、ユニークな発想や一芸に秀でた人材を、強烈に引き付けるはずです。全盛期のソニーに勤めていた友人に聞くと、多士済々の技術者、サムライのような人間が多かったと懐かしがります。厭わずに積極的に働くことを楽しむ風土。企業にとっては理想的な風土が出来上がっていたのでしょう。

もちろん、これはソニーには特徴的に現れたのでしょうが、当時の日本企業の多くがこうした風土であったことは、さまざまな創業者の著書を読むと実感されます。

松下電器（現パナソニック）、本田技研工業など自らの理想を追求する創業者を抱き、世界的な企業になっていった会社のほか、シャープやオムロンなど、同様に妥協することなく、ビジョンを胸に秘めた経営者が牽引した企業は少なくありません。

家電や自動車、繊維以外の重電企業も、あるいは日清食品やサントリーなどの飲料食品企業も各分野のリーディングカンパニーのほとんどは、この時代、こうしたスタートアップの特長を持ちながら活動しています。

そういう意味では、いまのシリコンバレーを牽引する企業が、まさにこの三つの要素を兼ね備えています。Googleなどは、この典型かもしれません。キャンパスと呼ばれるシリコンバレーのマウンテンビューにある本社には、まさに部活動をやっている大学のような雰囲気と、世界最先端、世界最高のものを自分たちが生み出しているんだという自負の両方が漂っています。オープンで楽しいイメージでありながら、猛烈なスピードで成果を追い求めてもいます。

ビジョンを失うとすべての衰退がはじまる

では、なぜ、全盛を極めたソニーが長らく不振にあえいだのか。

日本企業すべてに言えることかもしれませんが、インターネット時代への対応が遅れたということが一つです。つまり、ハード時代からソフト時代への転換です。それはソフトがすべてを制していく時代に、ハードの役割や位置づけは何か、という問いを突き詰めるということでもあります。

また、それはインターネット以前と以後で、自己認識を改め、自己変革を意識的に行わなければならないということでもあります。

よく言われていることですが、AppleのiPod（アイポッド）は、ハードとしてはソニーが簡単につくれる製品でした。そこに使われるすべての技術は社内にあったのです。しかし、ソニーは傘下に音楽会社を持ち、iTunes（アイチューンズ）も含めた〝音楽の生態系〟を設計する発想はありませんでした。あくまでソニーは、ＡＶ機器や先端の家電をつくる会社でした。自己認識を変えることに失敗したのです。

もう一つは生産方式の潮流が、すべての工程を自社内や自グループ内で行う垂直統合から、不要な生産を外部委託する水平分業に変わったこともあります。身軽さとスピードとイノベイティブなアイデアが企業の死命を決する時代になったのに、それに対して多くの日本企業は対応できませんでした。

中国・深圳《シンセン》などは、もはや水平分業から、すべての工程が分離して自由にチョイス可能な「垂直分離」といわれる産業形態に進化しています。いずれ電気自動車が普及し始めると、垂直統合的な自動車産業も、その影響を大きく受けることになるでしょう。

極端に言えば、いまパソコンは自作が可能ですが、車もそうなる可能性があるということです。

１９９０年代初期まで、日本企業はあまりにもすごい成功体験を積み上げ過ぎました。ほとんどの物事は、成功の光のうちに凋落の種がまかれています。95年。この年、新語・流行語大賞のトップテンにインターネットということばが登場し、Windows95を求めて電器店の店頭に徹夜で並ぶ人がニュースになりました。

この年はまた、ジェフ・ベゾスが前年に創業したインターネット書店 Cadabra.com（カダブラドットコム）の名前をAmazon（アマゾン）と変えた年です。いわば地下水脈を流れていたインターネットが地上に姿を現した、インターネット紀元0年です。

ここからわずか数年で世界は激変します。

2000年までのわずか5年の間に、ラリー・ペイジとセルゲイ・ブリンのGoogleやネットオークション最大手の eBay（イーベイ）が創業され、スティーブ・ジョブズがAppleに復帰します。

日本でも、ヤフーを始め、楽天やサイバーエージェントなど現在大手のＩＴ企業のほとんどが、この5年の間に創業しています。

わずか5年の間にゲームのやり方は、完全に切り替わったのです。iPodはその切り替わりが終わった2001年に発売されています。ソニーの長い低迷はこのあたりから始まります。

出井伸之《いでいのぶゆき》社長時代に掲げられた「デジタル・ドリーム・キッズ」というソニーのキャッチフレーズは、ソニーの持つ挑戦的で、革新的なものを生み出すという体質をよく表している、良いフレーズです。しかし、この時期、このことばどおりにデジタルの夢を見させてくれるような製品はソニーから生まれてくることはなく、2006年には唯一可能性を垣間見せていたロボット犬の先代AIBOも生産終了となってしまいました。

「理想工場」という技術者にとってのビジョンを掲げて革新的な製品を世界中に送りだしていた企業からは、ソフトの時代にどのようなハードが在りうるべきなのかを議論した上で、新しいソニーの在り方を規定したビジョンと動きは生まれてこなかったのです。

それは日本の長く続く低迷と軌《き》を一《いつ》にします。これはソニーに象徴されている私たち自身の問題です。いまどのような産業を興し、またビジネスを通じてどのような社会を築こうとしているのか。この国の人々をどのような未来へ導いていくのか。私たち自身が、自らの頭で考えなければなりません。誰も、この長く低迷した時期のソニーを笑えないのです。なぜなら、それでも彼らは大きな改革に踏み切ったからです。そして苦闘の中に光が見え始めているからです。

この復活が本物かどうか見守る必要はあるでしょうが、たとえば２０１７年度は１９９８年にあげた営業利益５２７５億円を超え、過去最高の数字７３４９億円を達成しました。その数字も２０１８年度は８７００億円と2年連続で上回ることが予想されています（ソニー株式会社２０１８年度連結業績見通し　２０１８年10月30日発表）。

いまソニーのミッションとビジョンは同社のホームページにあります（https://www.sony.co.jp/Sony Info/CorporateInfo/vision/）。

ビジョン vision

テクノロジー・コンテンツ・サービスへの飽くなき情熱で、ソニーだからできる新たな「感動」の開拓者になる。

ミッション mission

ユーザーの皆様に感動をもたらし、人々の好奇心を刺激する会社であり続ける。

残念ながら掲げたミッション、ビジョンのフォーカスはまだ甘いと言わざるを得ません。復活の道を歩みながら、「理想工場」ほどの力強いことばで未来を描けた時、ソニーの復活は本物になるのではないでしょうか。そして、それにはグローバルの中でチャレンジャーとして意識、立ち位置を取り戻せるかが鍵を握ります。

デザインや仕組みを一新した新型 aibo（アイボ）は、日本での発売を経てアメリカでの発売に踏み切りました。このような製品を創り出せる企業は世界中に、そう多くはありません。新しい時代の息吹を感じる斬新なプロダクトや仕組みをいくつ生み出せるのか。これからの新しいソニーに期待したいと思います。

次のビジョンを生み出せなかったシャープ、東芝

シャープが台湾最大手の企業グループである鴻海《ホンハイ》精密工業の傘下に入ったのは2016年夏でした。

鴻海は、従業員100万人を擁する電子機器の受託生産では世界最大手の企業です。売り上げは15兆円を超えます。これは、ほぼソニーとパナソニックの売り上げを足した額で、買収当時のシャープの売り上げが2兆4000億円ですから、ほぼ6倍の規模です。

鴻海は郭台銘《かくたいめい》氏が1974年に創業した会社で、そこからわずか40年ほどで15兆円を超える世界的企業になっています。

鴻海の戴正呉《たいせいご》氏が来日し、シャープの社長に着任したときの会見で、的確な時代認識を示していました。少し長いのですが、その会見の一部を引用します。戴社長は、これからシャープをどういう会社にしていくのか、記者から問われ次のように答えます。

IoT(Internet of Things)の会社に変える。先週、総務省に呼ばれ「第41回家電メーカー懇

親会」という会議に出席した。ソニーやパナソニックの社長も呼ばれていた。そこで私はパナソニックの津賀《つが》（一弘《かずひろ》社長）さんに「この名前は正しいのですか」と尋ねた。自分たちのことを「家電メーカー」と呼んでいるのはおかしいと思う。

家電は家に帰ってスイッチを入れないと動かないが、ＩｏＴは利用者がオフィスから動かせる。「もうすぐ故障するからパーツを替えましょう」という提案もできる。今、ＩｏＴの最先端は中国にある。だからシャープは深圳に研究・開発センターを設立した。富士康（フォックスコン＝ホンハイの中国製造部門）の工場も目と鼻の先にある。

ＩＴの使い方において、日本はすでに先進国とは言えない。２０２０年にはIoTで一番遅れた国になっているかもしれない。だから総務省も頭を痛めている。シャープはホンハイと力を合わせ、グローバルなIoT企業になる。

（『現代ビジネス』講談社「鴻海から来た新社長が吠える！『シャープにはガバナンスがなかった』」より）

日本企業の経営者とまったく違う時代認識であることが分かります。また、発言から、最近の日本企業の内情がうかがい知れます。

一つは、まだ日本の多くの家電メーカーは「家庭用電気製品をつくること」を自分たちの仕事だと思っているということ。少なくとも鴻海の大番頭格である戴氏は、ＩｏＴという視点から、自分たちの製品を見ようとしていることがわかります。製品ではなく「ネットでつながれた製品がもたらす体験」に自分たちの未来があると考えています。
二つ目は、少なくとも近隣の東アジアの国々と比較しても、日本の家電メーカーは製品開発、ビジネス意識の面で遅れており、その遅れは広がってきていること。内向きの意識と、そこそこ食べられてしまう日本市場の大きさは、それこそ本当の、そこでしか生きられないガラパゴス化を生み出しているのです。

現在のシャープのホームページには「8KとAIoTで世界を変える」との標語が掲げられています。「AIoT」は人工知能のAIとモノのインターネットのIoTを組み合わせた造語。「人に寄り添うIoT」としてシャープが提唱しており、AIoTを搭載した家電やさまざまな機器が人や環境の変化を捉えて、最適なサービスや提案をするパートナーとなることを目指しています。

いずれにしても、ずっとウォッチしていたわけではないので、いつごろ、この標語に切り替わったかは知りませんが、少なくとも買収される直前は、こうした標語らしきものは、筆文字で書かれた次のようなことばだけでした（47ページ参照、シャープのホームページを参考に作成）。

SHARP

経営理念

いたずらに規模のみを追わず、誠意と独自の技術をもって、広く世界の文化と福祉の向上に貢献する。会社に働く人々の能力開発と生活福祉の向上に努め、会社の発展と一人一人の幸せとの一致をはかる。株主、取引先をはじめ、全ての協力者との相互繁栄を期す。

経営信条

二意専心

誠意と創意

この二意に溢れる仕事こそ、人々に心からの満足と
喜びをもたらし真に社会への貢献となる。

誠意は人の道なり、すべての仕事にまごころを
和は力なり、共に信じて結束を
礼儀は美なり、互いに感謝と尊敬を
相違は進歩なり、常に工夫と改善を
勇気は生き甲斐の源なり、進んで取り組め困難に

(http://www.sharp.co.jp/corporate/info/philosophy/
シャープ経営理念より引用・改行筆者)

これらは、ホームページにある筆文字の雰囲気からも、たぶんシャープの創業者である早川《はやかわ》徳次《とくじ》氏の肝いりで創られたことばだと思います。これそのものは何の問題もないと私は考えます。

ただ、こうしたことばはあくまで企業の「道徳律」であり、行動を律するものとして使われるものです。つまり、これを社内外に高く掲げても、残念ながら、ここからは企業の未来が生まれることはありません。

もし、ホームページに、こうした**道徳律としての「理念」が高々と掲げられ、共通の目標としての具体的な未来が語られていないのであれば、その企業には「ビジョンがない」とみなすことができます。**

残念ながら、苦境にあえいでいる東芝にも同じようなビジョンの欠如を見ることができます。次に示すのは、２０１８年9月までの東芝グループの理念（49、50ページ）と、10月以降の東芝のホームページに掲げられている、東芝グループの経営ビジョン（52、53ページ、いずれも東芝のホームページをもとに作成）です。

TOSHIBA

東芝グループ経営ビジョン

東芝が築き上げてきた技術、品質、そして信頼は、
いつも個人の熱い情熱から始まった。

飽くなき探究心を忘れず、視野を広げ、一人ひとりが目的達成への強い意志と実行力を持ったプロとして今、行動する。

時代の先を読み、組織の力を高め、機動力を持った経営で、適正な利潤と持続的な成長を実現する。

人々の夢をかなえ、社会を変える商品・サービスを通して、お客様に安心と笑顔を届け続ける。

今ある事業を、そしてこれから創り上げる新しい事業を、もっと大きな、世界に誇れる事業に育て、躍動感あふれる東芝グループを次の世代に引き継いで行く。

イノベーションへの新たなる挑戦

「実行」

TOSHIBA Leading Innovation

東芝ブランド・ステートメント

私たち、東芝の使命は、お客さまに、まだ見ぬ感動や驚きを、次々とお届けしていくこと。人と地球を大切にし、社会の安心と安全を支え続けていくこと。そのために私たちは、技術・商品開発、生産、営業活動に次々とイノベーションの波を起こし、新しい価値を創造し続けます。

このふたつの東芝のビジョン、ブランド・ステートメントも、ことばそのものにも文句をつける筋合いはありません。

しかし、この文章は少なくとも、私が考える「ビジョン」ではありません。なぜなら、東芝が目指す未来の具体的な姿が、どんなに読み込んでも私たちにも、たぶん社員のみなさんにも描けないからです。

これらは、わかりやすく言うなら全社員に「心がまえ」を説いているのです。こんな気持ちで仕事や事業に取り組んでいこうという「心がまえ」です。「心がまえ」としてなら、これでよいでしょう。

しかし、ビジョンが、こうであってはならない。

これはビジョンとして見るなら明らか

に空疎です。官僚の見事な答弁のように全部入りで、反論しようのない立派な考えが列挙されています。東芝に個人的な悪感情は一切ありませんが、そう言わざるを得ません。

ただ、もし、これが創業して事業をつくっていこうという段階の企業であったとしたら、この企業に投資しようと考える投資家は、おそらく世界中にいないのではないでしょうか。

衰退のスイッチを押す駄目なビジョン

こうしたビジョンを掲げることが、どのような影響を与えるのか、考えたことのある経営者は日本にどれくらいいるのでしょうか。

私たちが発するメッセージには、ほとんどの場合、次元の違うメタメッセージが隠れています。メタメッセージとは「あるメッセージがもっている本来の意味をこえて、別の見方・立場からの意味を与えるメッセージ」（デジタル大辞泉）です。簡単に言えば、発したことばに生じてしまった「言外の意味」のことです。

デートに誘っても「その日、別の用事があって」と言われれば、ひょっとしたら「別の用事」というのは「あなたとはお付き合いはしたくありません」という、やんわりとした断りの

TOSHIBA

東芝グループ理念体系

東芝グループ経営理念

人と、地球の、明日のために。

東芝グループは、
人間尊重を基本として、豊かな価値を創造し、
世界の人々の生活・文化に
貢献する企業集団をめざします。

私たちの存在意義

世界をよりよい場所にしたい。
それが私たちの変わらない想いです。

安全で、よりクリーンな世界を。
持続可能で、よりダイナミックな社会を。
快適で、よりワクワクする生活を。

誰も知らない未来の姿。
その可能性を発見し、結果を描き、
たどり着くための解を導き出す。
昨日まで想像もできなかった未来を現実のものにする。

私たち東芝グループは、
培ってきた発想力と技術力を結集し、
あらゆる今と、その先にあるすべての未来に立ち向かい、
自分自身を、そしてお客様をも奮い立たせます。

新しい未来を始動させる。

それが私たちの存在意義です。

(https://www.toshiba.co.jp/about/essence_j.htm 東芝グループ理念体系より抜粋・改行筆者)

文句かもしれないと思うことがあります。これがメタメッセージです。

この捉え方で、東芝の二つのビジョン、理念を見てみると「私たちにはいま語るべき、取り組むべき未来像がありません」そして「とりあえず、いまある技術的資産、人的資産を使ってがんばるしかない」というメタメッセージを周囲に発している可能性が高いと考えます。

熱を入れたメッセージに見えても、あまり具体性のないことばを発せられた側が受け取るのは、こうした身もふたもない意味なのです。これをビジョンとして掲げた経営者は、**私たち自身が持つ知性、能力、感情のエネルギーを低く見積もりすぎているのではないでしょうか。**

現に、経営問題が起きる前に、私が、これらのことばを読んで受け取ったのは、こうしたメタメッセージでした。明確なビジョン、目標を失って漂流する企業の影を見たのです。

こうした**〝なんとなく経営ビジョン〟が発する害悪は、想像以上に大きいのではないか**と思います。

組織は本来、目的があって生まれます。しかし、語るべき未来、目指すべき未来がない組織は何かを創造することから離れていきます。そこに自身の存在意義を反映したビジョンがないからです。

すると、組織のエネルギーは自己維持のためだけに費やされていきます。多くのエネルギーが無駄になります。これが、どれほど不健康な状態であるかは、少しでも経営をかじったことのある方ならお分かりでしょう。

それは、いま、この国のあちらこちらの組織に見て取れる、当たり前の光景になっています。この光景から、どうやって脱するのか。どうやってビジョンを取り戻すのか。それこそが本書のテーマです。

第2章 *Chapter 2*

なぜ、優れたビジョンを持つ企業は成長し続けるのか

ビジョンの生まれ方は一様ではありません。企業が誕生する前に天啓のように降りてきたビジョンもあれば、企業活動の中からじっくりと育《はぐく》まれたビジョンもあります。

また、明確にビジョンとして示されたことばだけなく、ビジョンと呼ばれていないことばでも、明らかにその企業のビジョンだと推察できるものもあります。この章では、各社各様に存在するビジョンがどのように、その企業を導こうとしているのか。そして、どのように成長をもたらすのかを見ていきたいと思います。

ビジョンを持った企業だけが生き残る

GAFA《ガーファ》をご存じでしょうか。Google、Apple、Facebook（フェイスブック）、Amazonの頭文字を取った呼び方です。この4社に動画配信サービスのNetflix（ネットフリックス）を加えたFAANG《ファング》という呼び方もあるようです。ここにMicrosoft（マイクロソフト）を加えれば、いま世界を席巻しているアメリカのIT系企業が揃うことになります。

Apple、そしてAmazonは、企業として時価総額が史上初めて1兆ドル、日本円で110兆円を超えました。

これらの企業に共通するのは、強烈な自負を抱えた経営者が経営している、あるいは経営していたこと。そして、いままでにないビジョンを携えて世の中に登場し、猛烈に成長しているという事実です。

ニューヨーク証券取引所に上場している企業の時価総額ランキング（2018年10月時点）を見ると、順にApple、Amazon、Microsoftが並び、Facebook、Googleもその後に続きます。

10位以内につけている企業のうちIT系でないのは金融のJPMorgan Chase & Co.（ジェイピーモルガン・チェース・アンド・カンパニー）、Johnson & Johnson（ジョンソン・エンド・ジョンソン）、

Exxon Mobil Corporation（エクソンモービル）の3社。中国の阿里巴巴集団（アリババ・グループ・ホールディング）を入れると、すべて創業者の個性が強烈に匂うIT系企業です。

日本のソフトバンクが出資していたことでも話題になったアリババ・グループ・ホールディングは、ショッピングサイトの「淘宝網《タオバオ》（Taobao）」や電子マネーサービスの「支付宝《アリペイ》（Alipay）」や検索サイトなどを運営する会社で、創業者の馬雲（ジャック・マー）氏が１９９９年に創業しています。

アリババを小売業として見ると、年間の流通額は５４００億ドル超、日本円で59兆円もの巨額で４８００億ドル超のWalmart Inc.（ウォルマート）を抜き、オンライン、オフラインを問わず世界最大の小売企業です。この売り上げはAmazonの売り上げの3倍以上で、日本の国家予算の半分を超えます。いかに物凄い売り上げかが分かります。

興味深いのは、Amazonが「ジ・エブリシング・ストア」というビジョンを掲げてまい進している一方で、淘宝網も同じようなコンセプトの「見つからない宝物はない、売れない宝物はない」というキャッチフレーズを掲げて成長してきたことです。

同様に興味深いのは、これらランクインしたテクノロジー系の巨大企業は自らの出自や発展の仕方に違いはありますが、大きなビジョンを掲げ、自分たちの進化にほとんど制約を設けていないことです。

この章では、Amazonと Google を例に、ビジョンがどのような働きをしているのかを見ていきたいと思います。

誕生時から不変のAmazonビジョン

私は、かなりのAmazonユーザーです。かなりと書いたのは、購入だけでなく検索も含めると、Amazonを利用しない日はないからです。

まず、本の8割はAmazonで購入します。それ以外にもプリンターのインクや紙、パソコン関連の品物、文具、サプリメント、薬、家電……変わったところでは庭の枝切り用の電動バリカンなんてものも買っています。

ここ4~5年の購入品数は年間180品くらいから220品前後。ほぼ2日に1回は注文を出しています。それ以外にも、いろいろな本や製品の評判をチェックしたりすることもよくあります。また、それほど数は多くないのですがプライム会員用のビデオを見たり、音楽を聞いたりもしています。

かつ、わが家にはAmazon Echo Dot（アマゾンエコードット）も置かれているので、毎日「アレクサ！」と呼びかけて翌日の天気などを教えてもらっています。また、夜眠る前にはKindle

Oasis（キンドルオアシス）で本を読んでいます。

こう書きながら、ふだんの生活の中で、Apple以上の存在感を持っていることに気づきます。Appleの場合はiPhone、Apple Wacth（アップルウォッチ）、iPad（アイパッド）などのデバイスへの接触こそ頻繁ですが、Apple Store（アップルストア）での購入はそれほど多くはありません。Amazonの場合は独自デバイスこそOasisとEcho Dotだけですが、購入頻度も金額も圧倒的です。私のAmazonへの依存率はＧＡＦＡの中でも最大だと言っても言い過ぎではないでしょう。


そして、すっかり「Amazon＝書店」というイメージは無くなりました。

私の購入履歴では本の購入が圧倒的ですが、それはこうして執筆したり、コンサルティングを行う自分の職種がかなり影響しているのであって、Amazonを頻繁に利用している方ほど〝何でも売っているネットショップ〟というイメージに近いのではないかと思います。

一見、これは書店から総合スーパーへ業態を転換したように見えます。

でも、Amazonの歴史を学ぶと、これは創業者のジェフ・ベゾスが当初からイメージしていたビジョンに、ただ淡々と近づいているだけだということに気づかされます。

ごく初期に芽生えていたAmazonのビジョン

Amazonの誕生は、創業者のジェフ・ベゾスが、1990年にD・E・ショーというヘッジファンドにネットワーク開発責任者としてスカウトされたことを抜きには語れません。D・E・ショーの創業者であり、ジェフ・ベゾスの雇用主でもあったデビッド・ショーは、その当時人手で行われていた株の「裁定取引」をコンピューター・ネットワーク上で行えないかとベゾスを雇います。

プリンストン大学でコンピューター・サイエンスを学んでいたベゾスは、まだMicrosoftのWindows95も出ていない、1994年の初め頃から、ショーといっしょにインターネットでのビジネスを検討し始めます。

そして、この過程でベゾスはインターネットの驚異的な可能性に気づきます。

彼がもっとも驚いたのは、その成長率でした。1993年1月から94年1月のデータ量の急増ぶりを見て、彼はインターネットの成長率を前年比で2300%と割り出します。これがどれほど凄いことか。100人の顧客が3年後には140万人近くに膨れ上がる計算になるのです。

ベゾスはインターネットの素晴らしい可能性に気づくとともに、ショーとのビジネスの検討の中から、天啓のようにあるビジョンを獲得します。それが、次のものでした。

The Everything Store　ジ・エブリシング・ストア

これはインターネットでメーカーと消費者をつなぎ、世界中にあらゆる商品を販売するということを意味します。あらゆる商品と消費者をスムーズに、ダイレクトにつないでいくイメージです。

本のタイトルにもなっている**「すべてのものが買えるお店（ジ・エブリシング・ストア）」**が、いまでもAmazonの小売業として目指す姿です。

インターネットの黎明期に、この発想が降りてきたのは幸運としか言いようがありません。成功するためには、適したタイミングに、適した場所に居ることが必要だと言いますが、ベゾスはこうした運も持っていたのでしょう。

その後、ベゾスは大手ヘッジファンドのD.E.Shaw & Co.（ディーイーショー）を退社し、Amazonの前身となる会社をわずか数名で立ち上げ、本の売り方を学ぶために書店開業セミナーに参加します。このセミナーで、講師が話した顧客サービスの一つのエピソードが、ベゾスのビジョンを完成させることになります。

そのエピソードとは……。書店の前にクルマを止めた女性客が、バルコニーのプランターから土が落ち、クルマが汚れたと怒ったのですが、その書店のオーナーは「ではクルマを洗いましょう」といって女性のクルマに同乗し、近所のガソリンスタンドへ向かったのです。スタンドは、あいにく休みだったのですが、オーナーはここで諦めずに彼の自宅へ移動し、自らの手でクルマを洗ったのです。女性客は書店オーナーの誠意ある行動に驚き、ついには気持ちをやわらげていっただけでなく、午後には再来店してたくさんの本を買ったのです。

この話に心を動かされたベゾスは「顧客サービスをAmazonの礎にする」ことを決めます。

こうして、創業者の心に宿ったビジョンが完全に姿を現します。それは「すべてのものが買えるお店」であり、そうであるために次のグローバル・ミッションを設定します。

地球上で最もお客様を大切にする企業であること

AmazonのFacebookページAmazon.comには、ミッションと題された文字の下に、この二つの内容が「私たちのビジョン」として英文で表記されています。

Our vision is to be Earth's most customer centric company; to build a place where people can come to

find and discover anything they might want to buy online.

われわれのビジョンは、地球上で最も顧客中心の企業であること。つまり人々がオンラインで買いたいと思う可能性のあるあらゆるものを探し出し、発見しに来ることができる場所をつくることである（訳文筆者）。

しかし、なぜ、Amazonはネット上の書店として出発したのでしょう。

それは技術に明るく優秀だとはいえ、資金もない経験もない30歳の若者が、すべての商品をいきなり扱えるわけもないからです。

ベゾスは非常に冷静に、「1種類での無限の品揃え」ができる最初の商品として、コンピューターソフト、事務用品、アパレル、音楽など20以上もの候補の中から本を選びます。

①商品として良く知られている
②市場が大きい（当時の書籍全米売上は年間190億ドル）
③競争は激しいがインターネット参入には大きな余地がある
④スタートアップでも仕入れが容易（大きな取次から仕入れ可能）
⑤本にはすべてＩＳＢＮ番号が振られ、販売書籍のデータベース作成が容易
⑥自前在庫の必要がなくディスカウントのチャンスがある

⑦送りやすく送料も優遇されている
⑧検索しやすく探しやすい……
検討していくと、書籍ほどインターネット販売に適した商材はなかったのです。

プリンストン大学卒業式祝辞（２０１０年）でベゾスは「オンラインだからこそ可能になる超大規模な本屋」をつくろうと思ったと語っています。「すべてのものが買えるお店」を、まずは「すべての本が買えるお店」としてオープンさせたのです。

地球上で最も顧客中心の企業とはどんな企業なのか？

私は、Amazonの凄さは、地球上で最も顧客中心の企業であることを実現するために、創業当初から、まったくブレずに、その一点だけを突き詰めていることにあると思っています。

ある年の事業報告には「Amazonの４５２目標のうち３６０は顧客満足に直に繋がるものとする」とあります。それは「人々が買いたいと思うもので最適のものがすぐに見つけられ」「できるだけ少ない手間（１クリック）で買えて」さらに「安く買えて」そしてドローン配送を研究しているように「すぐに届く」お店です。

ベゾスは「顧客から始めて逆向きに考えていく」ブランドであろうとしています。

そして、「我々はモノを売って儲けているんじゃなく、買い物についてお客が判断するとき、その判断を助けることで儲けている」存在だ、という認識に到達します。

これは「地球上で最も顧客中心の会社」がつくる「すべてのものが買えるお店」というビジョンが、ある種の哲学として深みを増していく過程と捉える事ができます。

優れたビジョンを持つ企業は、時代の流れを洞察し、顧客と触れ合い、ライバルと闘う中で、こうしたビジョンの深化を経験します。

顧客のためのサービスを具体的に見ると、2017年だけでも、銀行口座やクレジットカードを持たない人がインターネット通販を利用できるようにした「Amazon Cash（アマゾンキャッシュ）」、服をeコマース（電子商取引、ECとも言う）で買う際の「購入前の試着の不可」や「返品にかかる送料」などの懸念点を解消した「Amazon Prime Wardrobe（アマゾンプライムワードローブ）」などをデビューさせました。この他、家庭用人工知能アシスタントの「Amazon echo（アマゾンエコー）」など、常に革新性をもって進んでいます。

日本でもサービスを受けられる地域は限られますが、お気に入りの商品が1時間で届く「Amazon Prime Now（アマゾンプライムナウ）」、4時間以内に生鮮食品お届けで配送料は1回500円の「Amazon fresh（アマゾンフレッシュ）」などがスタートしています。

さらに、電子ブックリーダーの「kindle（キンドル）」や、家庭でさまざまなエンターテインメントを楽しめる「Amazon Fire TV（アマゾンファイアティーヴィー）」、お気に入り商品のボタンを押すだけで届ける「Amazon Dash Button（アマゾンダッシュボタン）」など、あらゆる形態のサービスを生み出そうとしています。

２０１８年1月には、アメリカのシアトルにレジがない、スマートフォンを持ち込むだけで決済できるコンビニ「Amazon go（アマゾンゴー）」の第1号店がオープンしました。

さまざまな企業が掲げる「顧客第一」ですが、これほどの規模で、これほどの徹底性（旧い業態を破壊することをまったく厭わない！）で、そして、これほどのスピードで行っている企業は、現時点ではAmazon以外に見当たりません。

Amazonの本当の凄さは、何度も言いますが、３名での１９９４年創業時から、ビジョンに向かって進むという行動にまったくブレがないことです。ややブレながらも、おおよそ真っすぐに進んでいる企業はそれなりにあると思います。しかし、行っていることに一点の曇りなく、ビジョンに向かう企業は非常に少ない。

未来を熱く夢見つつも、縦横にスピーディに変化することを厭わない。戦略では遠くを目指し、ブレさせずに、戦術面はその場で即応しながら柔軟に対応する。これはビジョンづくりと、その実現の仕方の大きなヒントになります。

2018年のアメリカにおけるeコマースのAmazonシェアは49%です。2位のeBayが6・6%、3位のAppleが3・9%なので、その地位は圧倒的です。全米EC成長率の伸びの半分以上はAmazonが占めており、アメリカのプライム会員数は8500万人以上で、さらに伸び続けています。完全な独走状態であり、ライバルがつけ入るのは相当に困難なことかもしれません。

アメリカ在住のプライム会員にとっては、Amazonはほぼ電気・ガス・水道などと同様の存在へと進化しています。日本に住む私自身でさえ、もう、Amazonなしの生活は考えられません。たぶん、私たちが水道を意識しないで使っているように、今後、Amazonは世界中で「生活インフラ」として、ほぼ意識しないような存在へと進化していくような気がします。

それが良いことなのか悪いことなのかは別にして。

いずれにしても、企業のすべての行動、パワーを、ただひたすらに自分たちが信じるビジョン、ミッションの実現に振り向けたときに何が起こるのか、という好例がAmazonであることは間違いありません。

野宿生活から生まれたPatagonia

ここ20〜30年で大きくなったビジョン系企業は、Amazonのような巨大企業だけではありません。

アウトドア用品のメーカーとして独特の存在感を醸し出すPatagonia（パタゴニア）は、製品が優れているだけでなく、環境や働き方に対する姿勢で、世界的に評価が高いブランドです。

興味深いのは、これほど名の知れた世界的ブランドでありながら、上場企業ではなく、年間の売り上げは非公開。推測で８００〜９００億円だということです。

この規模以上の企業なら日本国内だけでも３０００社以上あります。たとえば世界展開している無印良品が３３００億円なので、およそ4分の1の大きさでしかありません。いかに、ビジョン、ミッションなどの理念が世界中でブランドを形づくり、熱狂的なファンをつくるかの良い例です。

Amazonのビジョンが最初から一点の曇りもなく、ダイヤモンドのような輝きを持って生まれたとすれば、Patagoniaのビジョンは、創業者の生き方そのもののように泥臭く、長年の雨風をしのぎながら年月をかけて、まるで見事な1本の杉の木のように生まれ育ってきています。このことからビジョンは、どのような企業であれ、どのような状況であれ、人に宿り、そこから生まれ育っていくものだということが分かります。さらに、そのビジョンが、どのように実現されるのかは生み出した人や企業のカルチャーに左右されます。

その歩みをPatagonia創業者のイヴォン・シュイナードの歩みを重ねながら、少し見ていきましょう。

イヴォンは、勉強嫌いの10代のころから、岩場でのクライミングやフライフィッシングに夢中で、自然の中で過ごすことが大好きな少年でした。高校を卒業したあとも兄の仕事を手伝いながら、冬は登山用の道具をつくり、夏は岩場や山に出かけるという生活を送っています。そんな中、イヴォンは１９５７年ごろから、岩に打ち込みロープを掛ける登山道具であるピトン（岩に打ち込むハーケンのこと）の自作を始めます。硬く丈夫で、抜いて繰り返し使えるピトンが評判となり、登山仲間だけでなく、その友人にまで1本1ドル50セントで販売するようになります。また、ピトンだけでなく、カラビナ（ピトンとロープをかける道具）の手作りも始めます（図2）。

イヴォンは、その後、陸軍に徴兵されますが１９６４年に除隊し、アメリカに戻ったときに、クライミングギアを製作販売する会社「Chouinard Equipment（シュイナード・イクイップメント）」

図2　カラビナやピトンをつくって販売するPatagonia創業者のイヴォン・シュイナード
(Photo: Glen Denny)

を設立します。社員数人はクライミング仲間で、工房は缶詰会社がボイラー室として使っていたブリキ小屋です。

このときの彼にはビジョンもなければ、ミッションもなく、ただただ自分の大好きなことで食べていければといったことしか考えていませんでした。

余談ですが、このブリキ小屋のChouinard Equipmentは、いまもカリフォルニアのベンチュラの街にあるPatagonia本社の片隅にそのまま残されています。

こうした道具類を、Chouinard Equipment社では、強度やレベルを落とすことなく、小さく軽く、何かを取りのぞくことで高性能化を追求し、その結果、彼らが売るギアは「強く、軽く、シンプルで、機能的」という最高品質のものへと進化します。売り上げも倍々ゲームで増えていくようになります。

この時点では「自然保護」「環境に対する貢献」を前面に掲げるPatagoniaの面影は、まだありません。そういう意味ではAmazonがビジョン「ジ・エブリシング・ストア」ありきで出発したのとは違うかたちでPatagoniaのビジョンやミッションなどは出来上がっていきます。

経営不振が生んだPatagoniaの理念

ジェフ・ベゾスが著名大学を出た優秀なコンピューター技術者であり、目標を設定して追求していくタイプだとすると、イヴォン・シュイナードは勉強が嫌いで大自然が大好きな高卒の叩き上げ。自分の好きなことを追求して行ったらいまのPatagoniaが出来上がったという展開型タイプです。

企業は、すべてトップの資質を映し出すといわれますが、まさに、AmazonとPatagoniaを見ると、創業者の在り様のまま、ビジョンも生まれ育つのだという思いを強くします。

いずれにしてもイヴォンは、創業前、「自分たちは消費社会の反逆者」であり「政治家や事業家は〝ポマード野郎〟で、企業は諸悪の根源であり、自然の大地こそ我々が住むべき場所」だと思っていました。

この考え方がPatagoniaのビジョンやミッションの伏流水となっていきます。

Patagoniaが遅ればせながらミッション・ステートメントなどを設定したのは、会社がかなり大きくなり、危機的な状況が訪れてからです。

1991年、世間の景気後退もあり、Patagoniaは経営不振に陥り、倒産寸前になります。そのとき、イヴォンは幹部10人ほどを、南米の本物のパタゴニアに連れて行き、なぜ自分たちがビジネスをしているのか、またPatagoniaをどんな会社にしたいのかを話し合いました。帰国後、初めての取締役会を招集。そこでPatagoniaの価値観、理念をことばにします。見事な文章にしたのはイヴォンではなく、取締役会に参加していた作家であり、環境保護論者でもあったジェリー・マンダーという女性です。

その長文すべてをここに引用できませんが（もし全文を読みたければイヴォンが書いた『社員をサーフィンに行かせよう――パタゴニア創業者の経営論』［ダイヤモンド社］をどうぞ）、「我らが価値」と題された文章は**「当社における意思決定は、すべて、環境危機という文脈で行う……」**として、経営の意思決定のための基準的な価値を並べています。

それが「環境危機」「品質」「地域社会」「利益」「自主的な環境税」「社会に対する活動」「透明性」などです。

こうした価値を集約したのがPatagoniaのミッション、**「最高の製品を作り、環境に与える不必要な悪影響を最小限に抑える。そして、ビジネスを手段として環境危機に警鐘を鳴らし、解**

決に向けて実行する」です。

Patagoniaの企業活動は、ある意味、環境危機に警鐘を鳴らし、解決に向けて実行するためにある、ということです。

彼らは自然の中で快適に、かつ出来る限り環境にダメージを与えずに遊び、過ごすための、高品質の道具類を製造販売することを生業としてきました。まるで環境保護団体がビジネスを行い、その利益を地球環境の保全のため使っているようです。彼らは、自らを「アクティビスト企業」つまり、政治的・社会的な活動を行う企業として定義し、NPOのような意識で事業に取り組んでいます。面白いことに、ここでは企業活動は手段であり、利益は最終目的ではないのです。Amazonとは違った意味での過激さをたたえた企業と言えるかもしれません。

同社のホームページでは、その「アクティビスト企業」のタイトルの下に次の文章が掲げられています。

私たちは環境危機が重大な転換期を迎えていると確信しています。温室効果ガスの排出を削減し、きれいな水と空気を守り、汚染を招く技術に別れを告げることへの献身がなければ、総じて人類はこの惑星の自己修復能力を破壊してしまいます。パタゴニアでは環境の保護と保全は、業務時間外で行うものではありません。それはビジネスを営む理由であり、日々の

仕事なのです。

Patagoniaの株主は地球である

では、Patagoniaのビジョンは何なのでしょう。

実はPatagoniaには明確なことばとしてのビジョンは存在しません。ホームページに「持続可能性のためのミッション／ビジョン」というフレーズが見えるのみです。しかし、彼らのミッションを振り返り、その企業活動を追っていくと、Patagoniaのビジョンがはっきりと見えてきます。

彼らは、日々、自然破壊を少しでも減らすように責任ある行動を心がけようと呼びかけます。それは一つのことばに集約されています。イヴォン・シュイナードが記した著書のタイトルが、そのビジョンを明確に言語化しています。それが次のことばです。

THE RESPONSIBLE COMPANY　ザ・レスポンシブル・カンパニー

「ザ・レスポンシブル・カンパニー」、つまり「社会や環境に対する責任を全《まっと》うする企業」ということです。
そして、そのような企業、団体あるいはそうしたものを目指す国が増え、世界が「レスポンシブル・ワールド」になっていくことを夢見ています。彼らのホームページには、創業当時の写真とともに、その覚悟が書かれています。

「我々に与えられた最も重要な権利は、責任を果たすという権利である」
――ジェラルド・エイモス

私たちの暮らしは自然を脅かしているし、人間としての根本的ニーズを満たせずにいます。世界的に疲弊が進むとともにお金で買えないものの荒廃も進んでおり、私たちの健康も経済的繁栄も少しずつ悪化しています。

一方、ここ何十年かでさまざまな新技術が実用化されたことを見ると、創意工夫に富み、状況に賢く適応していくという優れた才能を人類が失っていないこともわかります。人間にはこのほか倫理という観念もあるし、生命に対する慈しみや正義を求める気持ちもあります。今後、私たちは、このような力をもっと活用して経済活動の進め方を変え、社会正義を全うするとともに環境責任を果たし、我々を生かしてくれている自然や人類共有財産の被害を小さくしていかなければなりません。

それでも、パタゴニアが責任ある企業のモデルだ、などと言うつもりはありません。責任ある企業ならやれるはずのことを我々がすべてしているわけではないからです（私たちが知るかぎり、そこまでしているところはありません）。しかし、事業を推進するにつれ、自分たちの環境責任や社会責任に人々が気づき、自分たちの行動を変えていく様子を紹介することならできます。気づきは波及するもので、一つの行動は次の行動につながっていく――その様子も紹介できるのです。（以下略）

（Patagonia日本語版ホームページ「責任ある企業を目指して」より）

彼らの地球環境に対する厳しい認識を聞くたびに、これがいかに困難なビジョンであることかを思い知らされます。

しかし、Patagoniaは、いままでの企業モデルにない、持続可能性を考慮した環境経営を追求することを自らに課し、企業を運営しています。それは彼らにとっても達成できないかもしれないという高い目標です。面白いのは、**こうした企業カルチャーとして持っていた価値観をことばにして定めたときに危機的だった経営が甦った**のです。Patagoniaは企業としてのブレがなくなりました。

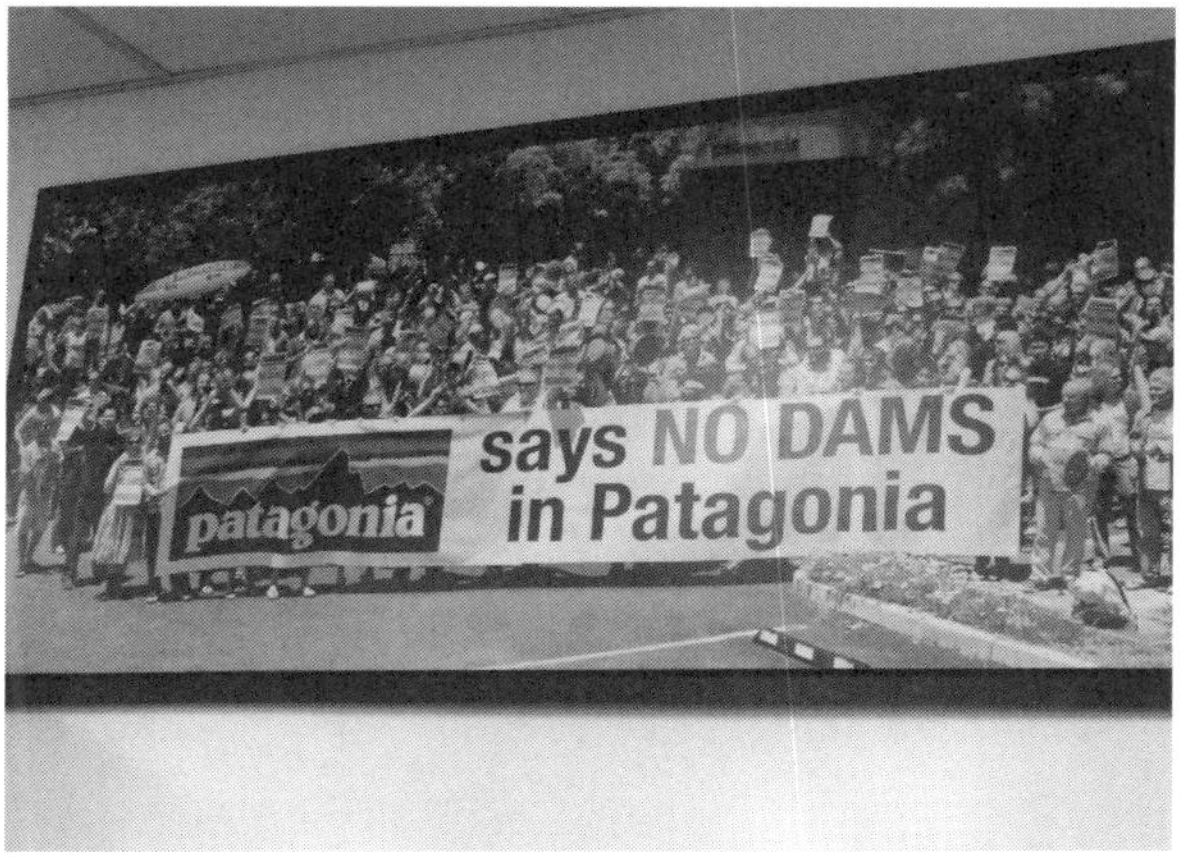

図3　カリフォルニア・ベンチュラにあるPatagonia本社社員食堂に貼ってあった巨大パネル。
（Photo:Takao Egami）

筆者は２０１２年にカリフォルニア・ベンチュラにあるPatagoniaの本社を訪れたことがあります。

古い消防署を改装した本社は、日本でいえば数万人規模の町の町役場のような趣で、その片隅には創業当時に社屋であり工房であったブリキ小屋があり、駐車場には太陽光発電のパネルが並んでいました。

社員食堂はオーガニックフードが食べ放題。そして食堂の壁には「Patagonia says NO DAMS in Patagonia」と書かれた巨大なパネルが貼ってありました（図３）。

これは２０１１年にPatagonia本社で行われた「Patagoniaは『パタゴニアにダムはいらないと言う』」ということばを掲げた抗議風景を写したもの。チリ政府が立案したチリ南部のパタゴニア地方の二つの川に五つのダムを建設する計画に反対するためのものです。その後、計画は２０１４年に撤回されました。

その前年に、彼らは「DON'T BUY THIS JACKET（このジャケットを買わないで）」という新聞広告を出しています（82ページ図4）。消費主義への警鐘を鳴らすために自社製品を買わないで、買う前に考えようと呼びかける過激な広告です。この広告の意図を尋ねられた担当者は「私たちは環境を改善するための仕事をしている」と明確に述べています（パタゴニア公式ウェブサイト「クリーネストライン」２０１１年12月5日配信「Don't Buy This Jacket（このジャケットを買わないで）」：ブラックフライデーとニューヨーク・タイムス紙より）。

世界的なブランドでありながらPatagoniaの年間売上は日本円で１０００億円もありません。片やAmazonは売り上げ約20兆円の巨大企業。しかし、Patagoniaは、Amazonが狙うライバルであり、国家予算並みの50兆円以上の売り上げを誇る世界一の小売り企業Walmartに対して、環境戦略を助言するなど際立った存在感を示しています。また、毎年成長し、売り上げの１％を世界中の環境団体に寄付してもいます。健全でクリーンな経営が実現できているのです。

イヴォン・シュイナードは、２００９年に来日したときに語っています。

パタゴニアの株主は地球です。

私たちのビジネスの基準は「地球にとって正しいかどうか」です。

手作りのピトンを友人たちに売っていた1957年から、今日の今日までイヴォン・シュイナードもPatagoniaも一貫性をもって活動をしています。

企業のごく初期から存在したわけではありませんが、ミッション、ビジョンの徹底性において、Patagoniaほどの好例はないと断言できます（『greenz.jp』2009年8月6日配信「これぞグリーン・ビジネス！　パタゴニア創業者のイヴォン・シュイナード、大いに語る」より）。

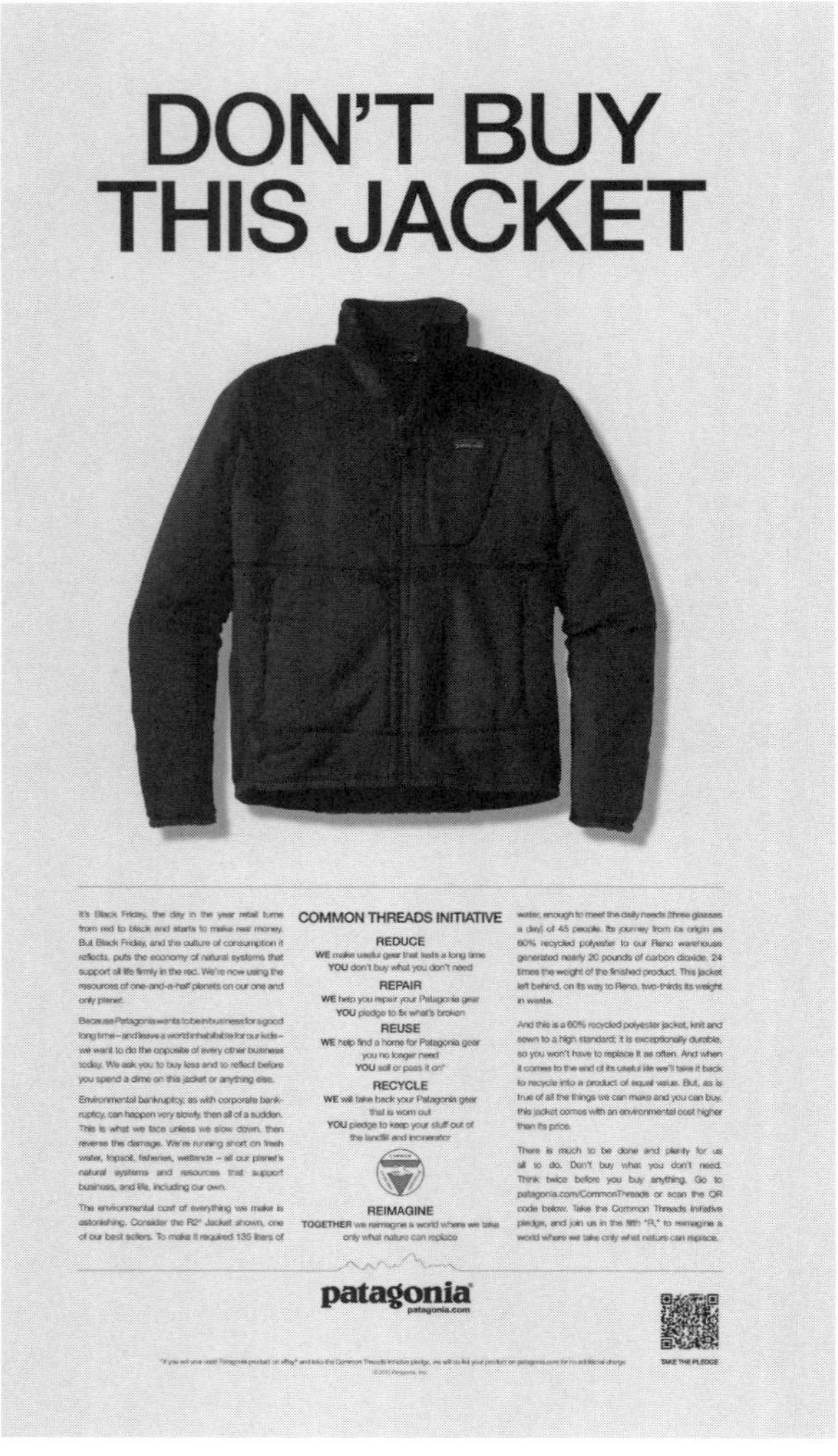

図4　"Don't Buy This Jacket"の新聞広告
©Patagonia, Inc.

日本のすぐれたビジョン企業――無印良品

優れたビジョンは、何も海外企業の専売特許ではありません。日本にも優れたビジョンを掲げた企業があります。

無印良品を展開する良品計画は、その代表的な企業の一つです。

無印良品は、西武グループを率いた堤《つつみ》清二《せいじ》という日本にはまれなクリエイティブな才能を持つ経営者と、日本を代表するグラフィックデザイナーだった田中一光《たなかいっこう》の二人によって生み出された、極めて「理念的な志向性」を出発点に持つブランドです。それは無印良品というネーミングに色濃く現れています。「ブランドではないが良い品である」という意味合いこそが、その存在を規定しているのです。

無印良品は**「これでいい」**というコンセプトで運営されています。

「これでいい」とは「これがいい」という「強い嗜好性を誘う商品づくり」を目指さないブランドであるということです。「無印良品の未来」（https://www.muji.net/message/future.html）という文章があります。アートディレクターで、無印良品のアドバイザリーボードメンバーの一人である原研哉《はらけんや》氏が書いたものです。この文章で原氏は、「これでいい」は「お客様に理性的な満足を持っていただくこと。つまり『が』ではなく『で』なのです」として、その「で」のレベルを高い水準に掲げて商品づくりや事業を行っていくとつづっています。

筆者のコンセプトづくりをひも解いた著作である『無印良品の「あれ」は決して安くないのになぜ飛ぶように売れるのか？——100億円の価値を生み出す凄いコンセプトのつくり方』（SBクリエイティブ）に、その詳細を書いているので、これ以上は述べませんが、この「これでいい」というブランド・コンセプトは、日本企業の中でも最も優れたものの一つであると思います。

そうした意味では、無印良品を展開する良品計画は、日本企業には珍しく、自社の理念やフィロソフィーをおろそかにせず徹底して追求する企業という印象があります。

良品計画が称賛に値するのは、**生み出された理念をそのままにせずに、つねに、ことばや、そのことばが意味するものを問いなおし、深め、アップデートしている**事実です。

いま、それらは、一種哲学的な深みを持つところにまで迫っていると言ってもよいでしょう。

良品計画の理念やビジョンは、ホームページに記されています（良品計画ホームページ「企業情報　企業理念」）。

「良品」ビジョンとして掲げられているのは、「『良品』には、あらかじめ用意された正解はない。しかし、自ら問いかければ、無限の可能性が見えてくる」です。

しかし私には、その下にあるイラスト付きの文章の方に、よりビジョン的なものを感じます。人が支える地球らしき球体に書かれた「無印良品」の文字の下に小さく掲げられた**「日本の基本から世界の普遍へ」**と球体の下の**「自然と。無名で。シンプルに。地球大。」**ということばです。

そして、私は、この二つのフレーズと、その下に並んでいる最初の項目「無印良品の理想」に、この企業が目指すビジョンを強く感じます。それは次のような文章です。

私たちは何のために存在しているのか　美意識と良心感を根底に据えつつ、日常の意識や、人間本来の皮膚感覚から世界を見つめ直すという視点で、モノの本質を探究していく。そして「わけ」を持った良品によって、お客様に理性的な満足感と、簡素の中にある美意識や豊かさを感じていただく

この一連のことばには、世界中に向かってどのような価値を自らが推奨する価値として提供するのか。その価値の方向性や在り方と、企業としての覚悟がつづられています。

ビジョンを継続させるのは企業文化と制度

海外で展開するブランド名「MUJI（ムジ）」は、必要最低限に、簡潔に削ぎ落された機能と、ミニマルで高品質なデザインが評価されています。

原研哉氏は無印良品のデザインを「empty（エンプティ）」つまり〝空っぽ〟という一言で表現しています。

最初は「空っぽ」という考え方です。「シンプル」とは、西洋の近代主義から生まれてきた、合理性にのっとったものの形の考え方のことです。しかし、日本の伝統の中にある「簡素」は、それとは少し違い、ユーザーが関わることで生じる様々な自由や状況を受け入れてくれます。そんな懐の深さを、私は「空っぽ」＝emptyと呼んでいます。無印良品は基本的にそういう「empty」なものです。

（無印良品ホームページ「トークイベント　無印良品とクリエイター」より）

これは「これでいい」というコンセプトの、その〝で〟と記された部分が、茶の湯に通じるような「簡素簡潔」な日本的な美しさ、あるいはモダンさを含めた思想に昇華したのが、このことばだと考えられます。必要なものを、必要な機能だけに削ぎ落して、そしてクオリティに妥協せずに提供する。それは購入した人が自由に解釈し、自在に使えるような製品となって店頭に並ぶ。

無印良品は、暮らしの中で快適に、でも、どのようにでも使える自由度の高い「空っぽ」の製品を提供しているのです。

日本の基本から世界の普遍へ

掲げられた、このことばには、もともとの無印良品が持っている文明批評的な視点を、これからの時代の世界にこそ必要な日本発の価値として広げていこうとする、強い意志を感じます。出自も何もかもが違いますが、不思議にPatagoniaと相通じるものを感じるのは私だけでしょうか。このふたつの企業カルチャーは強い倫理性によって形づくれれています。

85ページでも紹介したイラストの人が支える球体の下には、この価値を広げるために意識するべきこと、あるいはルールとすべきような四つの短い単語が、わざわざ句点を打たれて、分割され並んでいます。想像するに、これらは次のような意味ではないでしょうか。

「自然と。」：私たちは自然と切り離されて生きていくわけにはいきません。私たちは自然から分離した意識を持つと同時に、その自然を構成する一つの要素でもあります。どのような人工物も、たとえ有害なものでも、すべて自然界にあるものから紡ぎだされます。その自然を豊かに享受しながら、自然を慈しみ、感謝し、支えていく無印良品であり、企業でありたい。イラストからはそんな意味が浮上します。

「無名で。」：無印のノーブランドの〝無〟であり、デザイナーや作り手の名を冠した権威に頼るモノづくりをしないことの戒めと受け取れます。そして、作り手としての無印良品側も、世界中に広がるお客様も、心地よい暮らしを求めている名もなき人々であることを想起させます。

「シンプルに。」：たぶん、それはモノそのものだけでなく店舗やスタッフ、運営、流通、開発、経営など、無印良品の在り方そのものを含めてシンプルで、簡潔であろうとする意志を含んでいるように感じます。

「地球大。」：これは〝世界の普遍へ〟と広がる経営的なビジョンを語り、グローバルな発展を誓ったことばでしょう。行動基準の中にある「地球大の発想と行動」とも響きあいます。

無印良品は誕生以来、外部からデザインなどの第一線級の有識者を「アドバイザリーボード」として招いて、経営陣と定期的にミーティングを行っています。経営者は変わってもボードメンバーはゆっくりとしか変わりません。武蔵野美術大学名誉教授で、青森・十和田《とわだ》市現代美術館の館長小池一子《こいけかずこ》氏などは創業以来ボードメンバーを務めています。

こうした企業文化と制度をつくれたことが、良品計画のビジョンを形づくり、また深め、継続することに役立っていることは間違いありません。

第3章 Chapter 3

21世紀のビジョン企業であるために

第3章では、これからの時代のビジョンを、どう実践していけばいいのか。日本でのビジョンの事例を示しながら考えていきたいと思います。

これから40～50年は続くであろう、人類史でも稀な大変化に立ち会えることは、幸せであるとも言えるし、困難さに足がすくむ、とも言えます。どちらの意味にもとれる、いわば「両様の時代」に私たちは生きています。

晴れてはいるが、波高く、風強し。この航海を乗り切るには、羅針盤となる未来を見通した大きなビジョンと、臨機応変な態度、工夫を持って進むしかありません。

サイバーエージェントのビジョンは変えざるをえなくなる

サイバーエージェントはインターネット系の広告代理店、メディア、ゲーム企業として素晴らしい成長を遂げています。インターネットテレビ局「AbemaTV（アベマティーヴィー）」が話題を集めるなど、着々と次の手を打っています。業績の推移を見ても何も言うことはないし、新卒学生にとっても人気の高い会社の一つです。

あえて注文をつけるなら、という意味で、サイバーエージェントのビジョンを取り上げてみたいと思います。貶《おとし》める意図ではないので、どうかお許しください。

さて、サイバーエージェントのビジョンは、彼らのホームページにはっきりと掲げられています。また、その後にミッションも掲げられています。次のものになります。

Vision
21世紀を代表する会社を創る

Mission Statement
インターネットという成長産業から軸足はぶらさない。
ただし連動する分野にはどんどん参入していく。
オールウェイズＦＲＥＳＨ！
能力の高さより一緒に働きたい人を集める。
採用には全力をつくす。
若手の台頭を喜ぶ組織で、年功序列は禁止。
スケールデメリットは徹底排除。
迷ったら率直に言う。
有能な社員が長期にわたって働き続けられる環境を実現。
法令順守を徹底したモラルの高い会社に。
ライブドア事件を忘れるな。
挑戦した敗者にはセカンドチャンスを。
クリエイティブで勝負する。
「チーム・サイバーエージェント」の意識を忘れない。
世界に通用するインターネットサービスを開発し、グローバル企業になる。
（サイバーエージェントのホームページより）

このビジョンやミッションを見ていて思うのは、サイバーエージェントの社風です。インターネットの波に乗り、創業して20年以上経つのに、いまだに拡大している会社の、スタートアップ当時のような熱気と、フレキシブルにアイデアを持って進んでいく勢いのようなものを感じます。

しかし、厳しいことを言わせてもらうなら、4000億円の売り上げを誇る、日本の代表的なインターネット企業のビジョンとしては、あまりに茫洋《ぼうよう》としすぎているのではないでしょうか。

個人的には寂しく感じます。なぜなら、このビジョンとミッションを通読して思うのは、そこにはインターネットの分野で、ただただ「大きな会社をつくります」「立派な会社にします」という宣言しか読み取れないからです。極めて優秀な経営者に率いられた、能力ある若い集団が、これでいいのか、とも思います。

サイバーエージェントが、せめて、このビジョンを掲げて進むなら、少なくとも「21世紀を代表する」とは、どのような意味なのか、その中身を明らかにする必要があるでしょう。〝21世紀〟とはどのような時代だと考え、そこでの何を〝代表する〟会社として、サイバーエージェントをつくり上げていくのか。そして、つくり上げる過程で、顧客あるいは私たちの社会に対して、どのようなインパクトと喜びを与えていくのか。社会に対して、何を自分たちはギフトとして贈ることができるのか。

ミッションを読むと、ビジョンやミッションに関してさまざまな議論があったことは推測できます。ミッションでは、サイバーエージェントとしてやるべきこと（Dos）、やってはいけないこと（Don'ts）を具体的なことばで語っているからです。

その議論の中で「変化が激しい時代に自社像やゴールを固めてしまうのは危険だ」、それこそ「アメーバのように変幻自在に姿を変えながら、時代時代に適合して成長しよう」という議論が出てきてもおかしくはないでしょう。いや、出てきたのではないかと思います。なぜなら、ミッションの最後に「世界に通用するインターネットサービスを開発し、グローバル企業になる。」という一文が出現するからです。サイバーエージェントは、インターネットを使った何らかの〝サービス〟で、世界的企業になることを目指しているのです。

このサイバーエージェントのビジョン、ミッションに欠けているのは「公共の視点」です。「企業は公器」の視点がほとんど感じられない。もちろん、売り上げや利益が伸び続けている、たくさんの顧客を喜ばせてもいる。それだけで十分ではないか、という意見もあるでしょう。しかし、企業とは社会内の問題解決により利益を得ている存在です。「公共の視点」がない企業は長い視点で見れば、必ず凋落していく運命にあります。近江《おうみ》商人の「三方よし」（売り手によし、買い手によし、世間によし）は真理なのです。

サイバーエージェントのビジョン、ミッションのことばは、読めば分かるように、すべて内側に向けて語られています。悪く言えば、社内向けのアジテーションなのです。だから、ことばの使い方が身内の、仲間内のことばになっています。ただ、その点で、内容が分かりやすく、旧来の大企業の、試験の答案めいた毒にも薬にもならないような抽象文言よりは、はるかに好感が持てます。

ただ厳しく言えば、仲間内のことばは、あまり外に出ていく力を持っていません。そうした目で見ると、このビジョンやミッションは志が低い、と言わざるを得ません。

では、どのようにビジョン、ミッションを進化させればいいのか。

ＧＡＦＡには、すべてに公共的な視点があります。Googleは検索を通じて、すべての情報や知識に、世界中の人々がアクセスできるようになる未来を描いています。Appleはデバイスやサービスによる世界中の人々の生活の革新です。Facebookは世界をつなぐコミュニティの創造であり、Amazonは地球上でいちばん顧客を大切にする企業という方向性を掲げ、ジ・エブリシング・ストアをつくろうとしています。

サイバーエージェントの事業には、社会変化に対してリアクションでつくりあげていく事業と、自ら未来をつくっていくようなチャレンジングな事業とが、混在しているのではないかと思います。そのバランスを見極めながら、自分たちが提供できる「最高の価値」を公共的な視点で読み替えていく作業が必要です。

サイバーエージェントは、社風的に、行動する中で思想を育む会社だと感じます。実際、多くのビジョナリーカンパニーも創業当初から、完成されたビジョン、ミッションを掲げていたわけではないからです。サイバーエージェントも、5年あるいは7、8年以内に、いまのビジョン、ミッションがより具体的になり、さらに公共の視点を持ったものに変貌する可能性があります。

もし、そうしたものがつくられないなら個人的にはサイバーエージェントの未来に一抹の不安を抱かないわけにはいきません。事業を展開し、いろいろなフィードバックを得ながら、社会の中での確固としたポジションを得ていくのが、企業としての成長だからです。そうしたフィードバックがなく、自己充足の中に留まるなら、それは成長ではなく、膨張というべきものになります。膨張は、いつか破れ、空気を出すようにしぼみ、清新なビジョンを掲げた会社に取って代わられます。

ビジョン、ミッションは事業を行う中で、歴史の必然のように生まれることが多々あります。サイバーエージェントは、いまの日本には数少ない、元気あふれる企業です。ぜひ、その事業

発展の中で、日本発の世界的企業として、素晴らしいビジョンやミッションを生み出してほしいと思います

静かに社会変革を掲げる会社

さて。いまの日本でもスタートアップ企業は、創業の志を抱いてスタートしただけあって、明確なビジョンを置いているところが数多くあります。その中のいくつかを見てみましょう。

LITALICOは、東証一部上場企業として運営されている、2005年創業の若い会社です。社名は、「りたりこ」と読みます。日本語の「利他」「利己」を合わせた造語で、ホームページでの説明によると「世界を変え（利他）」「社員を幸せに（利己）」という思いから生まれています。

以前から注目してきたのですが、彼らのビジョンは明解です。コーポレート・アイデンティティとともに引用しましょう（98、99ページ、LITALICOのホームページを参考に作成）。

LITALICOは、ビジョンに書かれている通り、「障害は人ではなく、社会の側にある」と考

LITALICO
りたりこ

LITALICOのビジョン

障害のない社会をつくる

障害は人ではなく、社会の側にある
社会にある障害をなくしていくことを通して
多様な人が幸せになれる「人」が中心の社会をつくる

コーポレート・アイデンティティ

関わる人と社会の幸せを
実現することが、
自分たちの幸せにつながる。

「LITALICO」は日本語の利他と利己を組み合わせた造語です。これは当社の創業から変わらない価値観であり、当社の理念「世界を変え（利他）」「社員を幸せに（利己）」の両方を実現するという意思から生まれたものです。

仏教の利他自利、マズローの欲求6段階説の最上位「コミュニティーの発展（エシカル・利他）」にも通じ、日本らしいアイデンティティを持ち「LITALICO」ブランドで世界に誇れる文化を発信していく。そんな想いを込めて「LITALICO」は生まれました。楽しく軽やかに世界を変えていく。

すべての「人」の可能性が
最大に拡がる 社会の仕組みを築く。

そのためには社会のための人でなく、「人」のための社会をつくること。「人」が中心の新しい社会をデザインしていくこと。

私たち自身も「人」を大切に、お互い活かし合う仲間でありたい。事業においても、組織においても常に中心は「人」であるという意思を込めて「人」をシンボルにしたデザインを採用しました。

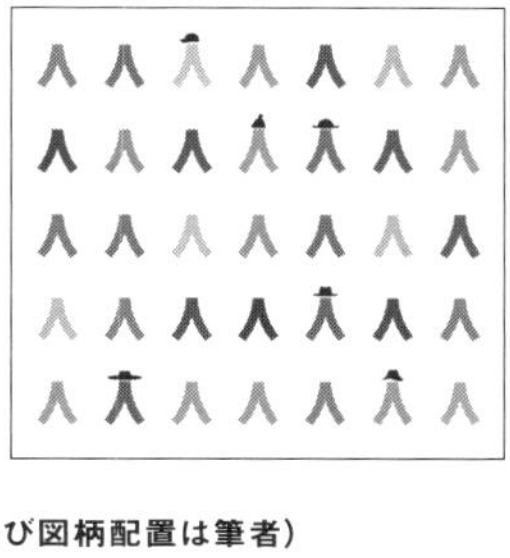

コーポレートカラーは全カラーを採用。色を1つに決めず、中心の「人」にはすべての色が当てはまる。多様性を表現したシンボルです。

（http://litalico.co.jp/vision/ より　改行及び図柄配置は筆者）

え、社会の側にある障害を取りのぞくサービスを数多く展開しています。

障害のある方の就労を支援するサービス「LITALICOワークス」は、全国66拠点（2018年3月時点）で年間就職者数は1100名以上という成果を上げています。また、障害のある方の就職情報サイト「LITALICO仕事ナビ」も開設しています。

自閉症、ダウン症、LD（学習障害）、ADHD（注意欠陥多動性障害）、広汎性発達障害などの診断を受けている子ども向けのソーシャルスキル＆学習教室「LITALICOジュニア」も展開しています。放課後等デイサービスなど、首都圏や関西などに98拠点（2018年3月時点）あることのサービスでは、先生が一人ひとりの特性や課題に合わせて、個別の指導計画を作成して指導を行うほか、両親向けの発達障害を持つお子さんとのかかわり方を学べるプログラムなども用意されています。さらに、発達障害の子どもを持つ両親のためのポータルサイト「LITALICO発達ナビ」など、これ以外にも、さまざまなサービスを提供しています。

まさに、ビジョンに掲げた「障害のない社会をつくる」という一点で、すべての事業活動がフォーカスされているのが分かります。これで2000名近い従業員を抱え、事業としても100億円の年商規模にまで成長しているのですから、これからの新しい福祉ビジネスの在り方を開拓していると言ってもいいでしょう。

特徴的なのは「障害は障害ではなく、一つの在り方であり、可能性です」とでも言うように、これらのサービスが明るくカラフルなイメージで発信されていることです。これは民間で障害に取り組む企業の良さと、若い経営者が率いる企業であることが、素直に表れています。

私が、この本を書こうとしたとき、日本企業の中で真っ先に浮かんだのが、実は、このLITALICOでした。それは友人の会社のビジョンづくりを手伝っていたときに、経営者の彼からこういうビジョンを持つ企業があるよ、と聞いたことが発端でした。

このビジョンは、どういう世界をつくりたいのか、という問いかけから、社員みんなで話し合う中でできたものだそうです。そして、どうしたら障害をなくせるのかと考えたときに「障害は人ではなくて社会の側にある」という視点が生まれたのだといいます。こうして、一つひとつ障害を取りのぞいていけば、障害のない社会ができるし、それは誰にとっても、障害がない人にとっても、生きやすい社会になります。

代表取締役社長を務める長谷川《はせがわ》敦弥《あつみ》氏は、こう言います。

障害や人とはちがう個性に苦しんでいる人はたくさんいると思います。ちがうことが素晴らしいとすぐに思うことは難しいかもしれません。でも人とちがっていて、それでいい。とみんなが思える社会をつくっていきたい――。

（LITALICO中途採用サイト「社員インタビュー　代表取締役社長　長谷川敦弥」より）

私の親族の一人もごく軽い発達障害を抱えています。縁もゆかりもない会社ですが、私は、こうしたビジョンを掲げる会社を、素直に応援したいと思います。そのビジョンと、取り組みに心から共感できるからです。彼らがつくろうとする社会は、私にとっても快適で喜びに満ちた社会であることは確実です。

いま、こうした社会的課題を取り組みの最重要課題に掲げ、テクノロジーやシステムで課題解決をはかり、なおかつビジネスとしても利益が出るような構造をつくる企業が増えてきました。

時代も分野もまったく違いますが、現パナソニックをつくった松下幸之助《まつしたこうのすけ》氏も、電気製品を通じて理想的な社会をつくることを目指していました。

1932年の松下電器製作所の第一回創業記念式で「水道の水は価（あたい）あるものであるが、通行人がこれを飲んでもとがめられない。それは量が多く、価格があまりにも安いからである。産業人の使命も、水道の水のごとく、物資を無尽蔵たらしめ、無代に等しい価格で提供することにある。それによって、人生に幸福をもたらし、この世に楽土を建設することができるのである。松下電器の真使命もまたその点にある」（パナソニックのホームページ「企業情報　歴史　50．第1回創業記念式を挙行　1932年〈昭和7年〉」より）という訓示を披露します。のちに「水道哲学」として有名になる考え方ですが、やはりここにも「公《おおやけ》」を、まず考える気骨を見ることができます。

ビジョンは、やはり「公」と「私」の間に見る夢こそが力を持つのだと、改めて感じます。

民間版の世界銀行は可能か

LITALICOのような理想を掲げて、世界的に展開する創業間もない金融機関が日本にあります。五常《ごじょう》・アンド・カンパニーは、貧困層向けマイクロファイナンス（小口金融）を展開する2014年創業の会社です。いわば、日本発のグラミン銀行です。

2018年時点でカンボジア、スリランカ、ミャンマー、インドの4カ国で、現地のマイクロファイナンス機関に投資しながら、カンボジア、スリランカ、ミャンマーで約7万人、インドでは間接的に約700万人が、この会社のサービスを利用しています。

この会社を30代前半で友人と立ち上げたのは、東京都の出身である慎《しん》泰俊《てじゅん》氏。東京の下町での一家6人の決して豊かではない暮らしと、在日の宿命的なものを感じながら育ちます。そして、大学院への120万円の入学金の工面に両親とともに苦労したこと。さらに「機会の平等を通じた貧困撲滅」を目指して設立したパートタイマーだけのＮＰＯ法人 Living in Peace（リビングインピース：ＬＩＰ）の運営を通じた経験、Morgan Stanley（モルガン・スタンレー）、Unison Capital（ユニゾン・キャピタル）とトップクラスの金融機関勤めで磨いた金融の知識をもとに、彼の人生の必然のように、五常・アンド・カンパニーを立ち上げるのです。

彼らのビジョン、ミッションは明確です。同社のホームページ（英文）にある資料「Gojo Introduction September 2017」から、そのまま引用します。

Vision and Mission

We aspire to create a world in which everyone has an opportunity to overcome one's own destiny and attain a better life. The first mission is to be the "Private Sector World Bank"providing financial access for everyone in developing countries. We aim to reach out to more than 100 million people in all continents by the end of 2030.

Long term vision of the company

In the end, we will be the "Private Sector World Bank".

In the end, Gojo as a global MF group will provide the affordable financial services for everyone in the world. At that time, we will fairly define ourselves the "Private Sector World Bank".

日本語にすると次のようになります。

［ビジョンとミッション］
我々は誰もが自らの宿命を乗り越え、よりよい人生を勝ち取る機会を有する世界をつくることを目指しています。最初のミッションは、２０３０年までに民間版の世界銀行をつくり、ほぼ全ての途上国で１億人以上に金融アクセスを提供することです。

（同社ホームページ「Manifesto」より）

［当社の長期ビジョン］
最終的に、私たちは「民間版の世界銀行」になります。
最終的に、五常はグローバル・マイクロファイナンス・グループとして、世界のすべての人に安価な金融サービスを提供することを目指しています。それが実現した時はじめて自らを「民間版の世界銀行」と称するに値するでしょう。

彼らのビジョンは「誰もが自分の宿命を克服し、よりよい人生を達成する機会を得られる世界を創造すること」であり、それをミッションとして機能に落とせば「Private Sector World Bank」、民間版の世界銀行であり、ホームページのトップにあることば「Financial Access for All」（すべての人のための金融アクセス）になります。まとめると、次のようになるかと思います。

ビジョン vision

誰もが自分の宿命を克服し、よりよい人生を達成する機会を得られる世界を創造すること

ミッション mission

民間版世界銀行として、世界中すべての人のための金融アクセスを提供する

五常・アンド・カンパニーが素晴らしいのは、こうした小口金融を各国で直接行うのではなく、その地域に根差し、環境や習慣などをよく知っている金融機関に投資しながら子会社化するなどして連携し、事業を進めていることです。ともすると理想論だけに終始しがちな事業を、明確な戦略できちんとビジネスとして成り立たせているのです。

そのためでしょう、第一生命保険の「社会的課題に取り組む企業」に選定されたほか、日本最大のベンチャーキャピタルであるジャフコから10億円の資金調達を成功させています。また、アドバイザリーボードには、ソニーの元最高経営責任者である出井伸之氏や元三菱UFJフィナンシャル・グループ副社長である田中正明《たなかまさあき》氏が名を連ね、株主には台湾の世界的パソコンメーカーAcer（エイサー）の創業者・施振栄（スタン・シー）氏など大物が連なると聞きます。

五常・アンド・カンパニーのこうした実行力は慎氏のキャラクターによるところもあるとは思いますが、会社員時代にボランティアでスタートした前述のNPO法人LIPでの経験も大きいようです。

Living in Peaceでは、2009年に日本初のマイクロファイナンス投資ファンドを立ち上げ、合わせてカンボジアやベトナムの合計8つのファンドを実行し、その後、国内で3つの児童福祉施設を新設しています。これをメンバー全員が、専従者を設けないで働きながら実行しているのです。

自身の貧しさゆえの体験から強い意志とスキルを持って、民間版世界銀行を立ち上げている五常・アンド・カンパニー。夢は遠大でありつつも、非常に明確で、戦略も具体的です。

企業としてはまったく異なる、それこそ分野も、規模も、文化も、目標も、何もかも天と地ほども違いながらも、ビジョンに向かって真っすぐに、一直線に進む様は、ジェフ・ベゾスの

Amazonを思い出してしまいます。

理想世界を、したたかで柔軟な戦略で現実化する。そのとき描いたビジョンが、本物の夢、つまり「個の夢であり、公共の夢でもある」とき、世間が後押しする力が最大化することを、五常・アンド・カンパニーは見せてくれます。

慎氏が自身の経験から語っているのもビジョンの重要性です。

途中から改革において必要なのは、仮想敵ではなくビジョンであることに気がついたことです。

今も多くの政治家やリーダーたちが組織の内外に仮想敵を作り、それをやっつけるという勧善懲悪の構図を描きたがりますが、これは長期的には悪手であると私は思います。

というのも、確かに大衆をアジテートして、勧善懲悪のムーブメントを生み出していくことはできるのですが、そうやってたたき潰された人々は決してその恨みを忘れないからです。人生は長い繰り返しゲームですので、いつかどこかで必ずしっぺ返しがやってくると思います。

自分が作りたい社会のあり方を説き、そのビジョンに共感する人を増やすことは、最初は迂遠に見えても最も効率的な改革の方法なのだと思います。

（『NEWSPICKS』「イノベーターズ・ライフ＃07　絶対的に不利な状況で組織改革が成功した三つの要因」より）

世界は、素晴らしいビジョンを絶対に見捨てることはありません。素晴らしいビジョンは、自然な引力で人々のパワーを集めます。五常・アンド・カンパニーは、その良き事例でしょう。

スタートアップはビジョンがなければ始まらない

もう設立されて10年以上たっていますが、山形に新世代のバイオ素材を開発しているSpiber（スパイバー）という会社があります。この会社は社名にヒントがあるのですが、クモの糸を、バイオ技術を使って世界で初めて人工合成し、提供しようとしています。

クモの糸は獲物を逃さないように、また暴風雨にも巣が壊れないようにたいへん強靭にできています。天然のものだと、なんと高張力鋼《こうちょうりょくこう》の３４０倍、炭素繊維の19倍の強度を持っているそうです。さらに軽く伸縮性もあり、熱にも強い。かつタンパク質であるため再資源化も可能で持続可能性にもすぐれています。

この夢の繊維はＮＡＳＡなどの研究機関や世界的な大企業が研究を重ねてきましたが実用化は困難と見られてきました。その技術を創業者である関山和秀《せきやまかずひで》氏が博士課程に在学しているときに開発したのが、スパイバーの始まりです。

子どものころから、世界規模の課題への挑戦を胸に秘めていただけあって、スパイバーのビジョンは壮大でありながら真摯で、まったくブレがありません。

ホームページに、Reason for Being（存在意義）、Approach（取り組み方）と題されて二つのことばが並んでいます。

Reason for Being　人類のために
Approach　　タンパク質を素材として使いこなす

「人類のために」というフレーズの下にある文章には「タンパク質素材の実用化を目指すのは、この課題に取り組むことこそ、今私たちが最も世の中の役に立てる道だと確信しているからです。（中略）長期的且つ本質的な視点から、率先して困難を引き受ける覚悟と使命感を持ち、誰かが取り組まなければならぬこと、本当に取り組むべきことに挑戦し続けることこそが、私たちの存在意義です。（スパイバーホームページ「About us Reason for Being　人類のために」より）」とあります。

最先端の技術開発と同時に、生産技術、販売なども含め、採算ベースに乗せていくことをベンチャーが行うには多大な困難が伴うに違いなく、同社も資金繰りなどで何度も危機的な状況を迎えながらも、それを乗り越えています。

これはスパイバーを率いる関山氏の強い願いやビジョンがあるが故のことだと思います。関山氏のさまざまなインタビューを読むと、その思いが一層強くなります。

これだけ強度のあるビジョンを描いているがゆえに、社員募集の際には国内だけでなく、海外からも多くの応募が寄せられるといいます。現在、同社のスタッフの1割ほどは海外出身者です（山形新聞 Yamagata News Online 2016年1月4日「挑む山形創生　第1部『働くということ』〈3〉サイエンスパークの挑戦〈中〉」より）。

AI研究でGoogleに挑戦するユニコーン企業

世界にない高度な技術を掲げて成長する日本のベンチャー企業は、話題のAIの世界にも存在します。

2018年、日本経済新聞が行ったNEXTユニコーン調査で、圧倒的な首位となったのがプリファード・ネットワークスです。ユニコーンとは、非上場のベンチャー企業で企業価値が10億ドルを超えると予測される企業のことをいいます。

プリファード・ネットワークスは企業価値2326億円で、2位のメルカリを800億円以上引き離しています。

同社は、東京大学大学院でコンピューターを学んだ西川《にしかわ》徹《とおる》氏が社長を、12歳でデータ圧縮の研究論文を読みこなしていた天才的な技術者・岡野原《おかのはら》大輔《だいすけ》氏が副社長を務める、わずか１００人ほどの技術者集団です。

パートナー契約を結んでいるのはトヨタ、ロボット大手のファナック、ＮＴＴという日本を代表する大手企業。同社の若手技術者、得居《とくい》誠也《せいや》氏がわずか10日間で開発したＡＩ開発用のフレームワーク（ＯＳのようなもの）は、Microsoft、IBM、Intel（インテル）、NVIDIA（エヌビディア）までもが提携を申し込んできた出来栄えで、フレームワークとしては事実上の世界標準になっています。

２０１７年には、自動運転やディープラーニングなどの研究に使用する自社用のプライベート・スーパーコンピューターを稼働させています。これは産業領域でのスーパーコンピューター・ランキングで、世界12位、国内1位という性能を誇ります。同社は、最先端の技術を武器に「次の世界を獲りにいく」という野心的な目標を掲げています。

彼らのビジョンは、１８００字ほどの長い文章になっていますが、その中にあるキーワードは一つです（プリファード・ネットワークスのホームページ「COMPANY VISION」より）。

エッジへビーコンピューティング

次のIoT時代には、映像なども含め扱うデータの種類も増え、さらに量が莫大なものになります。現在のように、データを一カ所に集約するコンピューティングでは、処理しきれなくなります。

「エッジヘビーコンピューティング」は、この時代への対応を想定して開発されている仕組みで、データをクラウド上の一カ所に集めて処理するのではなく、エッジつまりネットワークの末端側でも、もっと能力を持たせて、そこでも分散して処理をする方式です。

そのための「**分散協調的なインテリジェンスを生み出す、そして、それを実現するためのプラットフォームを提供していくことが、私たちの長期的なビジョンです。**」（ホームページより）と述べています。

彼らのビジョンは、このエッジヘビーコンピューティングによる「**あらゆるモノに知能をもたせ、分散知能を実現した世界**」です（「ビッグデータ処理技術の進化と、エッジヘビーコンピューティング」西川徹より）。

強い思いを込めたビジョンをエンジンに成長する

ここで取り上げたベンチャーも含め、多くの日本の若い起業家たちに希望を抱けるのは、大手企業からとっくに失われたような、「自らがどうにかしなければ」という「熱」と、自社とその顧客にとどまらず世界全体のことを考えて事業を行っている高い「志」、そして「リスクをいとわない」チャレンジ精神が感じ取れるからです。

当然、企業ですからきれいごとだけでやっていけるものではありません。資金調達での困難や社内での人事の問題、人材不足、組織づくりの失敗など、落とし穴やトラップは、彼らが行く先の方々に仕掛けられています。売り上げを伸ばし、利益を出し、会社を成長軌道に乗せなければなりません。

しかしそれでも、筆者が接している20代、30代のスタートアップ経営者には、こうした意識の経営者が増えていることを、近年、実感することが増えています。またビジョンや理念、可能性に意気を感じて、そこに合流したいと熱望する若者が大勢いることに大きな希望を見出すことが多くなっています。

残念ながら、旧来の多くの企業からは、そうした高度成長期の企業が持っていたであろう「熱」や「志」のようなものはとっくに消え去っているように感じます。戦後復興の役割を担った第一世代が引退し、その背中を見て育った第二世代も引退かというときに、多くの企業に巣くっているのは「管理」「コンプライアンス」「効率化」といった組織維持を目的とした話題ばかりです。

そうした企業で重視されているのは数字です。数字は非常に大切ですが、あくまで企業活動の結果指標です。**数字の達成のみが企業の大命題であり、そこにしか目が向かなくなったとき、その企業はいくら数字が伸長しても成長しているのではなく膨張しているだけであり、本来の企業活動（社会の問題解決による貢献によって成長する）から逸《そ》れていっている**ことを自覚しなければなりません。

すべての企業活動は世の中の問題解決のために存在するのであり、自身の目標達成の場として世の中が存在するわけではないからです。

こうした企業の見分け方は、実に簡単です。各企業のビジョンや理念が、具体的に、わかりやすく書かれているかどうか。それにあなたが共感できるかどうか、です。

あくまで個々人の感覚的な指標ですが、優等生的な全部入りのビジョンや理念であるなら大企業病の可能性大と思っていいでしょう。シンプルな判定方法ですが他の情報と併せると、企業の現在地を知ることができます。

企業全体の再生も含め、根本にあるビジョンをどのように設定していくべきなのか、またどのように生み出していけばよいのかは第二部で明らかにしていきます。

人口減社会に反旗をひるがえす福岡市

企業だけではなく、自治体の中にもビジョンを掲げて邁進《まいしん》する都市があります。福岡市です。現在、福岡市の人口は154万人前後。日本全体が人口減少社会へ向かう中で、福岡市だけは2035年頃まで人口増加が見込まれています。人口増加率は政令指定都市中でナンバー1なのです。

日本の大都市には珍しく空港から街の中心部まで11分。世界の都市の中でもアクセス時間の短さは、アメリカのボストン、スイスのジュネーブやチューリッヒに次いで第4位です。これほどの利便性を持つ都市は世界にもそうそうないのではないでしょうか。私も仕事で福岡を訪れることがよくありますが、本当にアクセスのよさには毎度唸らされます。

また、海・山・川などの自然にも30分もあれば辿り着けるほか、都市としての機能もかなり整っていて、訪れるたびにコンパクトなスマートシティとしての大きな可能性を感じます。

交通の利便性、都市としての十分な機能、消費地としての規模、自然を間近にしたロケーシヨン、観光的なリソースの多彩さ、食の豊かさ、歴史や文化的な背景、地域的コミュニティが残る特性……。さらに、経済圏としての影響は九州全域から近郊のアジア諸都市にまで及んでいます。

こうした条件の中で新しい施策を打ち出しているのが、高島宗一郎《たかしまそういちろう》市長です。30代のときにアナウンサーから市長に転身した方ですが、明確な意図を持って行政運営をしています。高島氏が語る福岡の戦略は明確です。

これまで自治体が取ってきた施策は、広くまんべんなく「角を取って丸くする」ことでした。でも今、地方にとって大切なのはむしろその逆で、「とがりを出す」、そして「タグ付けする」ことだと考えています。

東京には集積のメリットがある一方で、福岡はビジネスコストが安く、クオリティオブライフが非常に高いという強みがあります。コストが安いということは「トライ＆エラーを繰り返せる街」という言い方もできる。

要は、行政が持つ「規制する権限」ではなく、「規制を緩和する権限」を使って民間活力を引き出すのです。

（『東洋経済オンライン』２０１６年3月9日「人が日本一集まる街・福岡の『タグ付け』戦法
——原点は反骨心、高島市長の〝異色〟地方自治」より）

この福岡市がビジョンとして掲げているのは「グローバル創業都市・福岡」です。そして、「キラリと光るアジアのリーダー都市」をキャッチフレーズ的に使っています。

ビジョン vision

グローバル創業都市・福岡

キーフレーズ key phrase

キラリと光るアジアのリーダー都市

地図を見ていただければ分かりますが、福岡と上海《シャンハイ》の間は飛行機で1時間45分～55分程度。福岡と羽田の間が1時間40分程度なので、ほぼ変わらない時間で、中国の中心都市へ行くことができます。ソウルであれば羽田より近い1時間25分で1日17便以上が飛んでいます。釜山《プサン》なら飛行機で55分、高速船でも3時間強で到着します。

つまり、日本において上海や香港、シンガポールなどに次ぐアジアのハブ都市になれる可能性があるのです。

「グローバル創業都市・福岡」は、ビジョンとしては、企業が掲げるビジョンほどにはインパクトはありませんが、まさに公共の夢です。その地域に住むすべての老若男女の暮らし、人生に関わるものです。日本の課題、つまり人口減少が続くこの１００年を、どう生きるか、どうコミュニティの機能とその文化を維持するかという課題に直結します。地方の行政組織は、いまのところ国が向かう方向性の中でビジョンを打ち出すことも求められます。したがって、包括的な意味合いが濃くなります。

その中で、福岡市のビジョンが評価に値するのは、福岡市という都市をアジアや世界の中で、どのように位置づけ、どのような未来像を描けばよいのか、という戦略の描き方に地に足の着いた堅実さと、それとは逆のベクトルのいままでにない可能性を探ろうという大きな意欲を感じるからです。

人口減が避けられない日本で、いかに活力を保った都市を持続させていくか。その一点から**「人と環境と都市活力の調和がとれたアジアのリーダー都市」**をめざしていくことを明確に意図しています。

そうした都市であるために福岡市は、①「ひとの社会増」のために「しごとを増やし、活力につながる人の流れをつくる」、②「ひとの自然増」のために「働き方を見直し、安心して生み育てられる環境をつくる」、③「まちの持続可能性」のために「超高齢化社会に対応した持続可能で質の高い都市をつくる」という視点から、都市計画を立案しています（「福岡市まち・ひと・しごと創生総合戦略」平成27年10月より）。

クリエイティブ・クラスの都市へ

福岡市が行っているのは、ビジョンに「創業都市」と掲げられているように、さまざまなスタートアップがチャレンジできる環境の整備です。通常の起業だけなく、福岡市の特性に応じたデジタルコンテンツ、映像、ファッション、音楽、デザインなどクリエイティブ産業（知識創造型産業）を後押しする環境づくりを進めています。

21世紀はクリエイティブ・クラスの人々をつかんだ都市が繁栄すると言われています。クリエイティブ・クラスは、カナダ・トロント大学のリチャード・フロリダが唱えたもので、職業で言えば、科学者や教育者、コンピューター・プログラミングなどのＩＴ系の技術者や研究者、芸術・デザイン系やメディアに関わる人々、あるいは健康や金融の新しい分野を開拓する人々など、その仕事が「創造的な過程」によって担われている人々のことを指します。

いわば「いままでにない視点や技術で世の中に革新をもたらす人々」です。これらの人々を、あるいはその予備群をも含めて、惹きつける魅力を持った都市が興隆していくと言われています。

いまならシリンコンバレーがあるカリフォルニア州のサンノゼや、近くのサンフランシスコが典型的でしょう。アジアで言えば、シンガポール、深圳や上海もそうかもしれません。

福岡市も、クリエイティブ・クラスを誘う十分な資格があります。

良く知られていることですが、福岡市には全国規模で活躍するゲーム会社が数多くあります。代表的なところでは「妖怪ウォッチ」や「レイトン教授」などの大ヒット作を持つレベルファイブ、「ナルト-疾風伝」や「ジョジョの奇妙な冒険」のサイバーコネクトツー、「ワンピース」関連を手掛けるガンバリオンなどです。

こうした動きを産学官の連携でサポートしていく体制も整えられています。福岡ゲーム産業振興機構は、2006年に九州・福岡のゲーム制作関連会社の任意団体GFF(GAME FACTORY'S FRIENDSHIP)と九州大学、福岡市が設立したもので、ゲームコンテスト、インターンシップ、イベントなどを積極的に行っています。

福岡県内には、情報やデザイン関係の学科を持つ大学、短期大学、専門学校が30校以上あり、また、人口1000人当たりの学生数が政令指定都市で第二位、若者率第一位と、クリエイティブを担う人材にも事欠きません。私は長く広告業界で働きましたが、福岡の広告クリエイティブのレベルの高さは以前から業界内では有名で、全国区で活躍する人材も数多く巣立っています。

こうしたことを受け、福岡市は２０００年くらいからクリエイティブ産業に限らず、起業支援を行ってきています。そして、２０１２年には「スタートアップ都市ふくおか宣言」、２０１４年には国家戦略特区の指定を獲得し、その試みを加速させています。

面白い取り組みの成功例としては閉校した福岡市中心部の小学校を、シェアオフィスやコワーキングスペース、交流の場であるスタートアップカフェなどを設けた「Fukuoka Growth Next」として運営し、ほぼ1年で、１７０社以上が入居し、資金調達も19社で37億円と実績を上げていることです。

この他、人材のマッチング、既存企業と新規企業のマッチング、外国人のスタートアップ支援、グローバルスタートアップの支援、世界のスタートアップ先進都市との連携強化など活動は多岐にわたります。

また、先端技術であるＩoＴ、ＡＩ、ロボットなどを使った自動運転、ドローン宅配、オンライン診療などの実証実験、ＩoＴ向け通信網のＬＰＷＡ（Low Power Wide Area）ネットワークの環境整備など、次の時代を見据えて、積極的に取り組んでいます。

こうした施策の間接的な影響もあるのか、市の税収が過去最高額を連続で更新し、人口増もつづいています。

福岡市は、イギリスの情報誌でも世界でもっとも住みやすい都市ランキングの7位（2016年）に輝いています。東京・大阪などと比べても住環境や通勤環境が良く、またオフィス賃料なども安い。

さらに自由度が高く、チャレンジ気質に富む九州の風土があります。

自らの持てるもの、歴史、特徴を冷静に見て、そこにあるリソースを〝とがり〟を出したビジョンと、その実現を目指した現実的なアイデアで勝負する福岡市。これらの試みが成功するなら、地方創生の現実的なロールモデルになる可能性があります。ぜひ、チャレンジを続けてほしいと思います。

地方創生のビジョンを生むために

福岡市だけでなく、全国のさまざまな自治体が、活性化に取り組んでいます。

たとえば、島根県海士町《あまちょう》。本土側の港からフェリーで3時間という人口2300人あまりの離島の町です。この町が平成の大合併のときに抱えていた借金の額はなんと100億円。その中で手探りで、逆転の策が練られます。

ここで、カギを握る人物になった山内道雄《やまうちみちお》前町長は、第三セクター「ふるさと海士」を立ち上げます。そして5億円を投資し、魚介の細胞組織を壊さずに冷凍し、鮮度を維持して出荷できる最新のCASシステムと呼ばれる施設を導入しました。その結果、「いわがき・春香《はるか》」「しろイカ」などの名産品ブランドを都市部に届けることが可能になったのです。

こうした産業振興策もあり、徐々に島外からの移住者が増えていきます。農業漁業関係者の多くが島で働くようになります。さらに、これまでに500名以上が島へと移り住んでいます。

その移住してきた人々が町の活性化に一役買います。2009年にソニーを退職してこの島にやってきた岩本悠《いわもとゆう》氏は、「島前《どうぜん》高校魅力化プロジェクト」を掲げ、生徒数28名にまでに減っていた島の県立隠岐《おき》島前高校を大改革しました。「特別進学コース」「地域創造コース」などを設け、「島留学」を島外に呼び掛ける。今では、生徒数180名、うち73名が島外からやってくる〝留学生〟となっています。

実は、海士町には、この本で言うビジョンらしきものはありません。

2015年に策定された「海士町創生総合戦略 人口ビジョン 海士チャレンジプラン」の中に、《目指す島の姿》として「魅力ある伝統文化や自然豊かな暮らしの中で、誰もが生き生きと活躍できる島 地域ぐるみで見守り、子どもから高齢者まで笑顔あふれる島」など合計三つの島のあるべき姿が書かれているだけです。

しかし、山内前町長が掲げた「**役場は住民総合サービス会社**」というとらえ方と実践、財政再建団体になるかもしれないという危機感、ポスターにもなっている「ないものはない」という島の精神は、驚くほどの変化を島にもたらしました。海士町は、まだまだ変わり続けるのではないかと思います。

あるいは、宮崎県日南市《にちなん》。シャッター商店街を蘇らせたのは、まだ30代の崎田恭平《さきたきょうへい》市長です。宮崎県庁出身の崎田氏は、当選後「日本一、組みやすい自治体」「日本の前例は日南が創る」というフレーズを掲げます。そして、市の中心である油津《あぶらつ》商店街に20店舗を誘致するという目標を設定しています。

そして、「マーケティング専門官」や「テナントミックスサポートマネージャー」「まちなみ再生マネージャー」という職種を全国公募するのです。そこで選ばれた若手たちが、武家屋敷を再生して一棟貸しの宿にしたり、スーパー跡地に交流施設や地元食材の飲食店を立ち上げたり、あるいは空き地にコンテナを活用した交流モールを整備するなど、多くの仕掛けと仕組みづくりを行っています。その結果、新規出店数は２０１７年で29店舗、商店街の歩行者は２・6倍になるなど、成果が表れてきているのです。

崎田市長が掲げるのも**市長は「チーム日南の総合プロデューサー」**だ、という意識。海士町と同じように、あるいは福岡市と同じように、新しい発想とビジョンで「変わる」「攻める」意識にあふれています。地方あるいは行政によい変化をもたらすのは（もちろん失敗もあると思いますが）、こうしたスタートアップ意識をもった外部者のようなスタンスの人間かもしれません。

この二つの成功事例には、まだ福岡市のような形を持ったビジョンは見えませんが、こうした活動の先に、20年後、30年後を見据えたビジョンが生まれると感じます。

地方創生におけるビジョン創出に、それほど時間の猶予はありません。10年後、20年後には限界集落となり、消えてしまうコミュニティもかなりの数に上りそうだからです。私の故郷である長崎県五島《ごとう》の上五島《かみごとう》町も、年500人ペースで人口減少が続く中で、町産業サポートセンターのセンター長を年収1200万円で公募するなど未来につながる活性化を求めています。

海士町の例でも分かるように、地方はいかに特徴的な産業、経済が循環する産業を興し、それを若い人を惹きつける仕組みやカルチャー、町の魅力へと転換できるかがポイントです。しかし、いずれにしても、単純なカンフル剤は効果が長く続きません。やはり、**射程の長いビジョンを手にして、地域全体のエコシステムを見定めながら進まなければならない**と考えます。

1970年代、若者3人が、当時の西ドイツで接した「緑と空間と静けさ」を追求する「保養温泉地（クワオルト）」に心打たれたのが、大分県湯布院《ゆふいん》の興隆のきっかけでした。大きな構想とビジョンがあったからこそ、ゴルフ場開設に反対し、町並みを保ち、外から入るものと内にあるもののバランスに気を配り、日本を代表する保養型の温泉地のモデルケースとなったのです。

最終的なビジョンと、それに徹する精神があれば、地域に根差した新しい流れをつくることができます。地方創生はまさに「公共の夢」です。その夢が各地で現実の姿となることを祈っています。

なぜ、ビジョンに公共の視点が大切なのか

世界で最も豊かな8人は、所得の低い世界36億人と同じ富を持っていると言われています。国際NGOのOxfam（オックスファム）によれば「2017年に新たに生じた富のうち82％を世界の1％の富裕層が独占し、世界の人口の50％は財産が増えなかった」との報告を上げています。

格差は極端に大きくなっているのです。特にインターネットが普及してからは、シェアを急拡大させてデファクト・スタンダードとなった企業が勝者総取りとなる傾向が加速しています。Windowsで世界のパソコンのOSを押さえてしまったMicrosoftが、その典型ですが、創業者のビル・ゲイツは総資産921億ドル。つまり、おおよそ10兆円以上の資産を持っています。これはギリシャの国家予算に近い額です。

図5は２０１０年までのデータですが、アメリカでのトップ１％層の全収入において占める割合を示したものです。これを見ると、第二次世界大戦前の世界恐慌の１９２９年を境に、ほぼ10%まで下落してきた割合が、80年を境に急上昇に転じているのが分かります。そして、この勢いは90年代半ば以降、乱高下しながらも高まっています。

２０１８年7月時点での世界一の資産家はAmazonのジェフ・ベゾスで、総資産は１５５１億ドルになります。世界には10億ドルの資産を持つ人が２０００人以上いて、こうしたビリオネアは、オックスファムによれば2日に一人のペースで誕生しており、その富裕層の資産は一般的な労働者の資産の6倍のペースで増加しているそうです（"Center on Budget and Policy Priorities" より）。

一方、１日１ドル以下で暮らす人間が、地球上には10億人以上存在しています。この不均衡状態は、２０１１年に「ウォール街を占拠せよ（Occupy Wall Street）」という運動を呼び起こしたように、世界の不安定さの根本的な要因になっています。

「公益資本主義」ということばをご存じでしょうか。これは事業家でベンチャーキャピタリストの原丈人《はらじょうじ》氏が10年以上前から提唱している、新しい資本主義の概念です。

いままでの株主や資本家の利益を中心にする資本主義ではなく、利益は関係するすべての関係者（従業員、顧客、取引先、社会）から、地球全体への還元まで考えた資本主義でなくてはなら

図5　アメリカの世帯で税引き前収入において
トップ1%の富裕層が占める割合

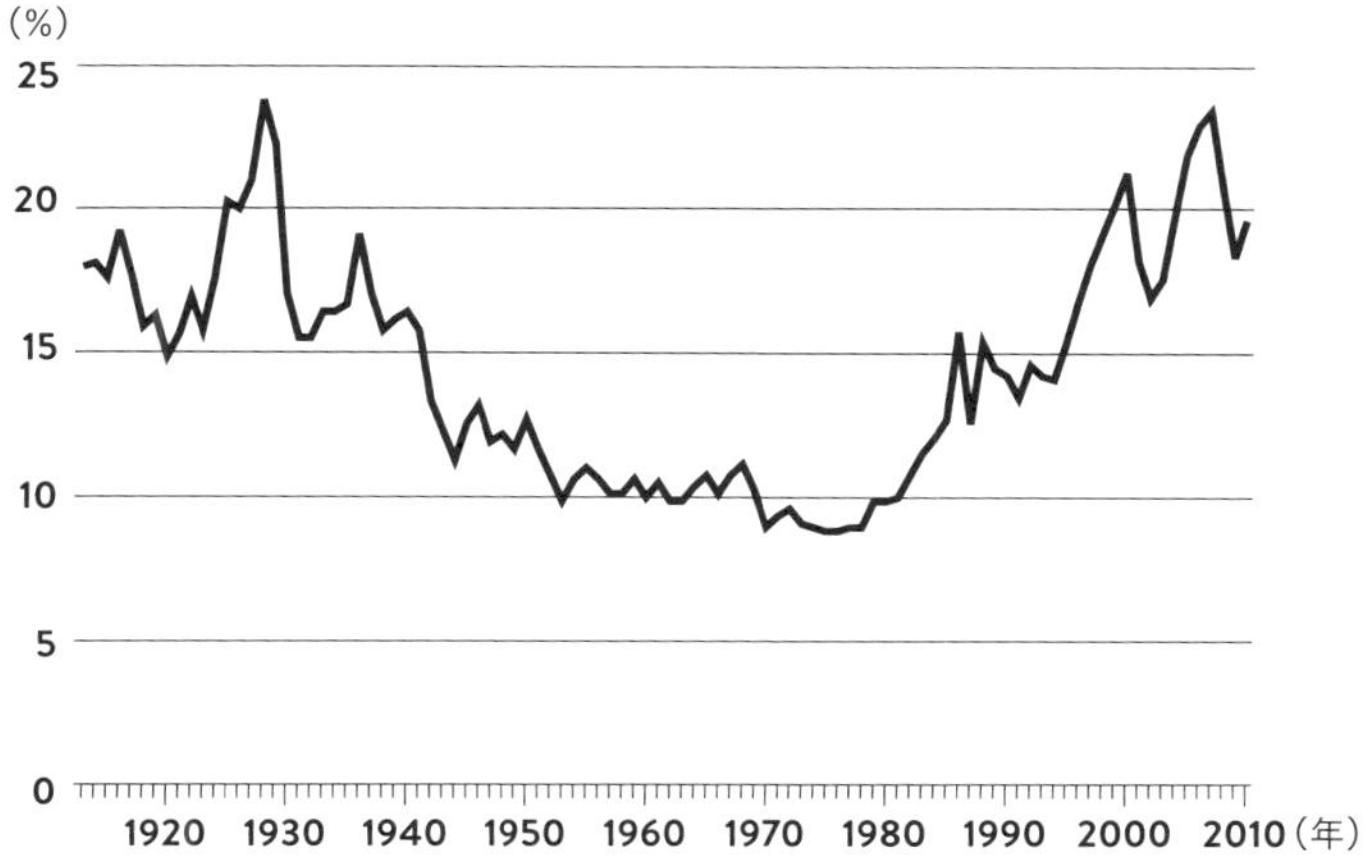

Center on Budget and Policy Priorities (https://www.cbpp.org/research/incomes-at-the-top-rebounded-in-first-full-year-of-recovery-new-analysis-of-tax-data-shows?fa=view&id=3697より) をもとに作成

ないとするもので、その名の通り、公を益することを第一に考える資本主義です。

いわば、近江商人の「三方よし」の現代版の仕組みです。

「公益資本主義」は、こうした極端な不均衡は人間に幸せをもたらさないという観点から、資本主義の制度改革にアプローチしています。先に取り上げた五常・アンド・カンパニーは、低所得者層に対する金融アクセスを提供するというアプローチで、やはり同じことを目指しています。

企業は公器です。法人は、法律上は個人と同じように人格をもったものとして扱われ、権利・義務が生じます。この本でも、たびたび記しているように、企業は世の中の問題解決によって収益を得ている存在です。もはや、20世紀的な利益独占を目指す企業が生き残れる時代ではありません。

高い倫理性と利益を還元する仕組みを持った企業、つまり「私たちは公器である」という公共的な意識をもった企業が、21世紀半ばから主流になるのではないかと思っています。個人的には、情報流出の問題を起こしたFacebookの成長が減速しているように、独占的なGAFAに対する圧力も強まっていくと考えます。

素晴らしいビジョンで成長し、小売りの世界を変えているAmazonも、他企業あるいは他業界の淘汰と利益拡大が行き過ぎるなら、「地球上で最もお客様を大切にする企業であること」

は画餅《がべい》になる可能性があります。世界的な企業は、貧しい、まだAmazonの顧客にもなれてない層も、彼らが言う「地球上のお客様」と考える必要があります。彼らの幸福をサポートすることは、これらの企業にとっての明らかな責務です。これらの**企業の利益は未来の人類から負託されている、人類幸福のための資金**なのです。

公共の夢をビジョンに取り込んだ企業は、取り込んだがゆえに、世の中から応援のパワーをもらってビジネスを大きくし、利益を獲得する権利を得ます。つまり、世の中からビジネスを拡大してよいという権利を、そうしたビジョンを掲げることができたがゆえに、得られるのです。つまり、その裏には社会に対する大きな責任が生じています。

その責任を引き受ける気概がないなら、その企業にビジョンを掲げる資格はありません。明治期あるいは第二次世界大戦後、多くの勃興した日本企業に、そうした気概が横溢《おういつ》していたように、これから生まれる、あるいは育ちつつある、あるいは盛り返そうと考えている企業にも、そうした気概の上に、ビジョンを描いてほしいと思います。

人の数だけ企業の数だけビジョンはある

インターネット登場以来、社会の構造やさまざまなものが変わってきました。しかし、ここからの数十年は、この20年が牧歌的だった、単なる始まりだったのだと感じるほど急激に変わっていきます。

私たちの社会は、新しいテクノロジーやサービスの登場により、人の意識や常識が変わることで、構造を変え始めます。社会構造は、人の意識に後れを取るのが常なのです。バブル崩壊以降の日本がそうでしょう。人々の意識に比べ、社会の構造変化は遅々として進んでいません。

なぜなのか。誤解を恐れずに言えば、この社会を構成する私たち自身もタコツボの中で惰眠をむさぼっている状態で、実は目の前にある課題を冷静に見ようとしていないことによります。タコツボが掘られている砂地の砂は急激に失われているのに、タコツボの中の静けさに、不安を押し隠しつつ、「まあ、大丈夫だろう」と思いこもうとしている。

日本は、人口減の世界最先端国です。人類史上初の人口急減に対処しなければならない国なのですが、政治家も、経済人も、私たち自身も、そのことに真剣に対処しようとしているようには見えません。

私が、このことを自分のこととして考えられるのは、墓参りで訪れる自分の故郷・五島列島の現状に、ネガティブに進んだときの日本の未来を見るからです。人の数は、コミュニティのエネルギーのようなもので、ある一定線を越えて少なくなると、保たれていたコミュニティが一気に瓦解《がかい》していきます。商店街が消え、医者が居なくなり、学校が無くなり、祭りの担い手が居なくなり、公共サービスが立ちいかなくなる。交通の便が悪くなり、あちこちで会社がつぶれていく。いままでそこにあったものが突然消えていきます。

少なくとも、東京や三大都市圏やその近郊に住む限り、人口減は体感として感じにくいことは分かります。しかし、東京でさえ、都下（多摩《たま》・島しょ）の人口は２０２０年に４２６万人で、23区は２０２５年に９７６万人でピークを迎えます。現在の傾向に大きな変動がない限り、東京も総人口１３９８万人をピークに、２０５０年には約７割の１０００万人まで減少します。その頃には日本の総人口も９５１５万人で高齢化率は２００４年のおよそ2倍の39・６％に達します。

大きな危機感を持つ必然性があるのは確かでしょう。

しかし、これをピンチとして見るのか、チャンスとして見るのかで、この光景は大きく変わります。この未来は珍しく「明らかにやってくる未来」です。そして、世界で初めてこの問題に対処する、という人類史的な運命を背負っています。

この人口減少を、台風の予測程度には、どこにどのようにやってくるかを私たちは想定できます。そして、こうした大きな社会変革実験を、私たちは明治維新、第二次世界大戦後と、2度ほど経験しています。少々楽観的かもしれませんが、私は、ここから20年ほどのうちに**「変わりにくく、しかし、変わるときは一気に変わる日本人」の気質が活かされる時が来るのではないか**と思っています。それが何をきっかけにして来るのかは分かりませんが。

だからこそ、その時を逃さないように、企業や行政すべての組織（あるいは個人）が、いまから長期の50年、100年のビジョンを、創造することに取り組んでほしいと思うのです。

ビジョンとともに21世紀航海を始める

本書の読者でskype（スカイプ）を使っている方は多いと思います。言わずと知れた、ユーザー間で無料通話ができるコミュニケーション・アプリです。いまではLINE（ライン）やZOOM（ズーム）、Facebook Messenger（フェイスブック・メッセンジャー）、Google ハングアウト、appear.in（アピアーイン）など多くのアプリが登場しましたが、無料で、安定して通話やテレビ電話をできるスカイプを長く愛用している人は多いと思います。

この世界的人気アプリが生まれたのはシリンコンバレーではありません。生まれたのは、フィンランドの南のバルト海を隔てたところに位置するエストニアの首都タリンです。

近年、世界最先端のデジタル国家として話題になっているのが、バルト三国の一つであるエストニアです。人口130万人で、九州より少し大きい程度の国土。小国であるがゆえに何度も他の国に併合され、1991年にソビエト連邦（ソ連）から独立しています。この国がITの先進国家となったのは、そのソ連時代にICT（情報通信技術）の開発センターがあったことが大きいと言います。しかし、それまでは国民の半分以下しか、電話を利用できないような情報のインフラが脆弱な国でした。

1991年以降、この国を率いるリーダーたちは、インターネットを前提に国をデザインしていきます。それは、行政や政治の徹底的な効率化と、透明化を目指し、さらに産業の活性化を図っています。その結果、出現したのが**「e-estonia」（最も進化したデジタル社会）**というビジョンです（e-estoniaホームページより）。

現在、すべての行政サービスのうち「結婚」「離婚」「不動産売却」以外は、完全に電子化されており、15歳以上の国民が所持するeIDカードは、EU内パスポート、公的身分証明書、運転免許証、公共交通機関用の電子チケット、健康保険証、投票券などになり、これさえあれば行政にかかわるあらゆることを済ませることができます。

また、エストニアは、エストニア国民ではなくても、eレジデンシーというカードを発行し、これを所持していればエストニアの電子国民になれる制度を2014年から始めています。エストニア政府は2025年までに仮想国民を2000万人にする計画を掲げているのです。ちなみに、エストニアでは、eIDカードもしくはeレジデンシーカードを所持してれば、企業を設立するのにかかる時間はわずか18分。最速で9分25秒とも言われています。

そのためか、国民一人当たりのスタートアップの数は欧州で最も多く、人口をスタートアップの数で割った1社当たりの人数は4191人と、アメリカの3460人には及ばなくとも、世界有数です。ちなみに日本のスタートアップ1社当たりの人数は22万5553人で、ほぼ54分の1の数字。いかにまだこの国が動きだしていないかが分かります。

人口130万人という日本の政令指定都市規模の国であり、ソ連独立から間もない時期にインターネットに出会った僥倖《ぎょうこう》もあるとは思いますが、オープンで開かれた行政、政治、社会の仕組みづくりは、これから先の国や組織がどうあるべきかを、すべてではありませんが指し示していると言えそうです。

このエストニアとがっちり手を組んだスタートアップが日本にあります。本社をアメリカ・サンノゼ（シリコンバレー）、拠点を福岡・東京に置き、開発をエストニアで行っているプラネットウェイです。

注目すべきなのはボードメンバーに、エストニア政府の経済通信省経済開発部局次長や、CIO（最高情報責任者）及び経済通信省局次長などが名を連ねていることです。

彼らの創業ビジョンは「データは、組織でなく、個人に帰属すべきであり、個人が自身の意思でデータを安全かつ自由に公開していける世の中の到来としての『インディビジュアル・データ・ドリブン・ソーシャルイノベーション』」です。これは代表の平尾憲映《ひらおのりあき》氏のことばを借りるなら「**データの主権を個人に取り戻すこと**」です。つまり、いまのGAFAが支配するITサービスの世界へ真っ向から挑戦状を叩きつけているのです。なんとも痛快な話です。

そして、このビジョンを実現するのに最適な技術が、エストニアの国上げてのICT基盤を動かす根幹となっている「X-Road」という技術にあったことが、エストニア政府を巻き込みながらプラネットウェイが設立された背景にあります。

エストニアでは、政府がスタートアップの起業家たちを巻き込んで、計画の中枢として働いてもらっています。国そのものがスタートアップのようなところなのです。トップの気持ちを推し量り、下が動くようなことはまったくなく「全員が社長、全員がリーダー」だと平尾氏は言います（『パーソルキャリア』2018年6月12日配信「未来型国家 エストニア政府流のマネジメントを取り入れた『時代の変化に強い組織』の作り方」より）。

これから先の日本の未来を背負うのは、エストニアに生まれているような小さなスタートアップです。旧来型の企業がこの国を導くことはないでしょう。

エストニア的あるいはシリコンバレー的な「fail fast（フェイル・ファスト）～早く失敗しろ」の精神をもった無数のスタートアップが生まれるようになり、そしてまた既存の企業が、創業時のスタートアップ精神を取り戻すとき、確かな変化が訪れます。

そのときには、安定よりも面白さ、楽しさ、夢中になれる何かを求めて、巨大企業を辞めて起業する者、閉塞的な日本社会にアイデアで風穴を開けようとする者、好奇心で突き進むうちにそれがビジネスになる者が続出するようになります。

あるいは、パソコンを前にプログラムに夢中になって勉強がつまらなくなっている小学生や、好きなことに熱中して学校に通わなくなった中学生、高校生。

たぶん、5年後、10年後、20年後の主役は彼らです。


彼らの目には、いまの社会が建てつけの悪い遊園地のように映っている可能性があります。あちこち、継ぎはぎだらけの、土台にひびが入り、コースターのペンキが剝げかかった、そんな遊園地です。この遊び場を、彼らがどのように楽しく、創造的な場所に変えてくれるのか、私は楽しみでなりません。

その主役は、思いもかけない場所から、意外な姿で現れ、社会を、新しいビジョンの中に巻き込んでいくのではないか、と思います。

第4章 *Chapter 4*

ビジョンで最高の未来を創るためのヒント

ビジョンは、私たちの未来を指し示すものです。したがって、ビジョンは、これから訪れるであろう未来を想定してつくらなければなりません。私たちの組織も、個人も、未来からの時間の流れの中で、生きているからです。個別の事象がいつ、どのように、どうなるのかはまったく分かりません。天変地異や事件等も同様です。しかし、時代がどのように流れるかという大きな流れそのものは意外なほど明快です。

第4章では、どのような未来を想定すべきか、そのときに何が問題になるのか、何に注意しなければならないのか。ビジョンづくりのヒントになる話題や視点を提供したいと思います。

テクノロジーは勝手に進化している

2020年代、30年代あるいは、**ここから先100年という時間の流れを見据えるのに必要な、もっとも重要な視点は「テクノロジーと人間の調和」**でしょう。

ここではテクノロジーを「人間の能力の一部を外部化して機能やパワーを拡大したもの」と定義します。石斧や矢じりは、人間の手や歯の能力、つまり狩りの能力を拡大するために生まれたテクノロジーです。AIは、人間の認知・判断・思考の能力を外部化し、拡大するために生まれたテクノロジーです。

テクノロジーは人間が生み出しています。古代の石器に始まり、最近のAIに至るまで、当たり前のことですが、人間が関わらなかったテクノロジーはただの一つも存在しません。

しかし、面白いことに、こうして生み出されたテクノロジーを100%、人間自身がコントロールできているでしょうか。旧石器時代から現代に至るまで、人間が自ら生み出しながら、完全にコントロールしえたテクノロジーは存在しません。人間は、人を殺《あや》めない刃物を生み出すことはなかったし、落ちない飛行機も、事故を起こさない車も生み出していない。私たちとテクノロジーの関係で、いま現在、私たちが知りえているのは**「私たちは自分自身で生み出したテクノロジーを制御することはできない」**という厳然たる事実です。

なかでも**最大の問題は「テクノロジー進化のスピード」を、人間がコントロールできない、**ということにあります。人間が生み出しているものなのに、その進化を、人間の意志で制御することはできないのです。

ここ数十年のテクノロジーの進化に、私たちや私たちの社会は追いつけていません。それはテクノロジーを生み出す私たち自身の進化が、せいぜい数万年、数十万年という単位でしか起こりえない、とてもゆっくりとしたものだからです。いまでも私たちの神経系や感情や、肉体的な特性や能力は、狩猟採集民として生きていた、数万年前とほとんど変わることはありません。そして、人間の物理的・肉体的な限界はそれ以上に変わりません。

この落差をどうするのか。今後、ビジネスから政治までのビジョンづくりにも大きく関係してきます。

脅威的なテクノロジー進化のスピード

では、どれほどのスピードでテクノロジーが進化してきたのか、まずは事例で確認してもらいます。

ライト兄弟のことはご存知だと思います。有人で動力飛行に成功した最初の人間です。彼らが動力飛行に成功する数週間ほど前、ニューヨーク・タイムズが「実際に空を飛ぶ機械が数学者と機械工の協力と不断の努力によって発明されるまでには百万年から一千万年かかるだろう。」と書いたのをご存知でしょうか。

しかし、1903年12月17日、彼らはノースカロライナ州で初飛行に成功しました（次ページ図6）。そこからわずか6年後の09年には世界初の航空輸送会社が設立されます。そして27年には、リンドバーグがニューヨークとパリ間の単独・無着陸での大西洋横断飛行に成功。そのちょうど20年後、47年にはチャック・イェーガーが音速の壁を突破します。

初飛行から音速の壁を突破するまでに人類がかかった時間はわずか44年です。

さて。ライト兄弟の初飛行とまったく同じ1903年に、ロシアのコンスタンチン・ツィオルコフスキーという研究者が宇宙に飛び立つためのロケット工学の理論を打ち立てました。

そして、リンドバーグ大西洋横断の前年、1926年にはアメリカでロバート・ゴタードにより液体燃料を用いた最初のロケットが打ち上げられます。その35年後のことです。61年、ソ

図6　1903年のライト兄弟の初飛行
（Photo : Science & Society Picture Library/Getty Images）

連のガガーリンが人類初の有人宇宙飛行に成功します。そして、さらに、その8年後、69年7月20日には、ニール・アームストロングとバズ・オルドリンが、アポロ11号を使って人類で初めて月面に降り立つのです（図7）。

飛行機とロケットで使われている技術は違いますが、人類が飛んだ距離を考えるなら、ライト兄弟の1回目の飛行距離は約36・5メートル、アポロ11号の月までの飛行距離は38万4400キロメートルに達しています。距離だけで比較するなら1053万倍です。

人類は、ライト兄弟からアポロ11号までを66年で達成しているのです。ロケット技術だけで見るなら初めての打ち上げから、たった43年で、人類を月へ送り、そして地球へと帰還させています。

図7　アポロ11号、月面での活動の様子
(Photo : Science & Society Picture Library/Getty Images)

Intel社の創業者の一人でもあるゴードン・ムーアが1965年に発表した、半導体などの集積回路のトランジスタ数は18カ月ごとに2倍になっていくという有名な「ムーアの法則」をご存知だと思います。

最近では、この法則もそろそろ限界に達するのではないかと言われていますが、いずれにせよ1971年にIntelが出荷した世界初のマイクロプロセッサー「Intel 4004」のトランジスタ数は2300個でしたが、およそ50年近くで10億個を超えるまでになっています。43万倍以上の増大率です。

ちなみに1969年に月面着陸に成功したアポロ11号に積まれたコンピューターは、CPUが2・0メガヘルツで、メモリが4キロバイト。いま私の手元にあるiPhoneXは、CPU2・39ギガヘルツとメモリ3ギガバイトなので、それぞれ単純に見積もればCPUで1223倍、メモリで78・6万倍近い能力を有していることになります。

この増大ぶりは、テクノロジーそのものの自律的発達で生じたもので、テクノロジー進化の性質と言っていいでしょう。こうした自律的な発達の性質は、テクノロジー全般に及びます。

つまり、**ほとんどのテクノロジーは、人間のコントロールの外で、勝手に幾何《きか》級数《きゅうすう》的に発達する**のです。

これは、**テクノロジーは人間の習熟度に応じて発達するのではなく、テクノロジーそのものが自律的に、つまり生命のように勝手に進化し、発達する性質を持っている**、と考えることもできます。

雑誌「WIRED」の創刊編集長でありサイバーカルチャーの論客、著述家のケヴィン・ケリーは、このテクノロジーの生態系を「テクニウム」と名づけています。

このテクニウムの中で、今後、人工知能、ブロックチェーンなどの分野はもちろん、エネルギー、材料、医療などから遺伝子やナノ、宇宙工学などさまざまな分野で飛躍的な進化が起こります。

テクノロジーのカンブリア紀がやってくる

中国では急速に現金は使われなくなっています。ＱＲコードで路上の屋台や物売りでもキャッシュレスで売り買いができます。ちなみにキャッシュレス最先進国のスウェーデンの現金流通量はいまや１％台。２０２０年には０・５％以下になると想定されています。現金を受け付けない店舗も増えており都市部も農村部もＡＴＭが急速になくなってきています。

Amazonが始めた無人コンビニのAmazon goは、スマートフォンを使って入店すれば、お昼のサンドウィッチを持って出るだけで決済は終了。10秒とかかりません。たとえば自動運転の車そのものが店舗になっていて、工場で商品を補充された車が指定の屋根付き駐車場に着いたら、無人のままオープンということもありそうです。

個人認証技術が高度化し、音声認識やＡＩが洗練されていくと、スマートフォンやカード類がなくても、個人特定が可能です。すると完全な手ぶらの買い物も可能になります。そのうち時計やメガネ、コンタクトレンズ、イヤホン、指輪などのウエアラブルな機器で、ほとんどのことができるようになるでしょう。

その先には体内に個人情報を管理するデータチップを埋め込んでいる未来があります。それが良いか悪いかは別にして、人が機械を融合させていく未来は実際に始まっています。

最近、バイオハッカーと呼ばれる人たちが増えてきています。彼らは、スティーブ・ジョブズがガレージでAppleを創業したように、自宅やガレージで遺伝子改変の研究に取り組んでいます。たとえばロンドンに住む二人の若者が開発した「ベントーラボ」と呼ばれる機械は、A4サイズの大きさに、DNAの分析に必要な機能が詰まっていて価格は2000ドル。Ford Mortor Company（フォード・モーター）が車を、ジョブズがコンピューターを民主化したように、バイオテクノロジーの民主化、つまり急激な発展の波が押し寄せているのです。

もう少しすれば無人のタクシーがあなたを出迎えたり、家自身が判断して掃除をしたり、お風呂を入れたり、エアコンの温度を調整し始めるでしょう。さらに、あなたの一生に付き添う執事のような、個人用にカスタマイズされたAIが出現するかもしれません。

「本当の情報化社会」は始まってもいない

テクノロジーの大きな流れを見ていくと、1770年代にワットにより実用的な蒸気機関が発明され、産業革命が加速を始めたあと、数十年周期でテクノロジーの進化が起きていることがわかります。

1830年代から50年代にかけては鉄道建設による交通革命。1890年代からは電気、化学、自動車などの発達がありました。そこから1910年代にかけては電話、蓄音器、無線電信機、ラジオ、X線、映画、交流発電、自動車、飛行機などの現代を形づくる発明が相次いでいます。

1940年代も第二次世界大戦の影響か、そのあとの世界を左右する二つのものが生み出されています。1945年7月には人類初の核実験が行われています。この数週間後には広島と長崎に原子爆弾が投下されます。核の時代の始まりです。

また、弾道計算などのためにコンピューターの発達が始まり、真空管を使ったENIAC（エニアック）と呼ばれるコンピューターが生まれたのが1946年です。翌47年にはトランジスタが発明されます。いまの人工知能に続くテクノロジーは、この時期に芽を出しています。

そのほぼ50年後の1995年、Windows95が発売されてインターネットが普及する時代の幕が切って落とされます。現在、巨大な存在となっているIT系企業は95年からおおよそ10年以内に創業されています。

アメリカの未来学者レイ・カーツワイルは2045年に、AIが人間の能力を完全に上回る技術的特異点と言われるシンギュラリティがやってくると言っています。これは1995年から数えてジャスト50年後です。


こうしたテクノロジーの発達による景気循環の波がほぼ50年ごとに起きており、ロシアの経済学者コンドラチェフの名前を冠して「コンドラチェフの波」と呼ばれています。歴史を見ていくと50年ごと、おおよそ前後10年ずつに大きなテクノロジーのブレイクスルーが起きていることが分かります。

18世紀後半から起こった産業革命を起点とすると、２０４５年は6回目の波の時期に当たります。この循環の法則にならうなら、いまはその前の中間地点にあたります。

とすると、私たちが想像もしないような**次の新しいテクノロジーの出現は、２０４５年をはさみ、２０３０年代後半から始まり、２０５０年代半ばまで続くことになります**。この時期に３００年近く前の産業革命に匹敵する変化が起こる可能性が高い。いわば多様な生物がいっせいに出現・進化したカンブリア爆発を思い起こすような、テクノロジーの爆発的な進化が起きる可能性があります。それは確実に社会構造や人間観にまで大きな影響を及ぼすことになります。

未来予測は不可能です。しかし、未来への大きな流れの予測に関しては、実はそれほど大きくは外れません。たとえば、デジタル化や情報化の時代が来ることも、バイオテクノロジーが発達することも、持続可能性が大切になることも、ずいぶん前から予測されてきました。ただ、それが具体的にいつごろ、どのような形でやってくるかは予測できなかっただけなのです。

それでも多くの未来予測の本が出ていますが、私が注目しているのが、日本の情報社会学の泰斗である多摩大学情報社会学研究所所長の公文俊平《くもんしゅんぺい》氏が発表している「S字波」を使用した理論です。公文氏のS字波の説明を引用してみましょう。

〝S字波モデル〟は、生物学では以前から広く使われてきました。このモデルは、成長はゆるやかに始まったあと加速するが、最後は再びゆるやかになるという見方にたっています。〝S字波〟の図式は、横軸に時間をとり、縦軸には規模に関する適当な指標をとって描かれ、ゆるやかな〝出現〟、急速な〝突破〟、ゆるやかな〝成熟〟の三つの局面をもち、〝S〟の字を横に引き延ばしたような形をしています。

（『情報社会のいま――あたらしい智民たちへ』ＮＴＴ出版より）

さまざまな社会的事物は、ほとんどの場合かなり古い起源をもち、長い時間をかけて――場合によっては生まれたり消えたりしながら――徐々に「形成」され、そのうちに、小さくはあっても無視することはできない確実性をもって「出現」してくると考えられる。ひとたび出現した事物は、しばらくすると、その存在を疑うことはもはや誰にもできないほどの規模や速度で「突破」を開始するが、その極まるところは過剰な期待や信頼が生み出すバブルとなり、やがてその訂正が行われる。これがその事物の「成熟」過程にあたり、その結果として、新しい社会的事物は既存のさまざまな社会的事物との間に安定的な関係を結びつつ「定着」していく。

（『情報社会学序説――ラストモダンの時代を生きる』ＮＴＴ出版より）

図8　S字波の基本形B

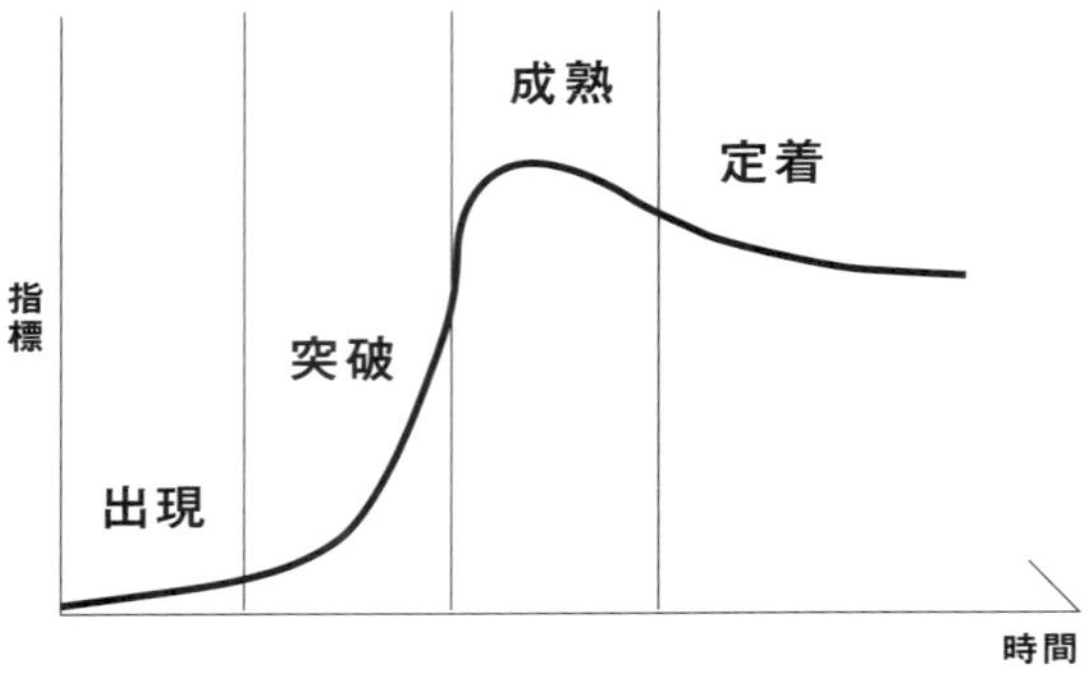

『情報化社会のいま――あたらしい智民たちへ』を参考に作成

この曲線は、商品の普及や企業の成長をとらえたS字曲線と近いものです。さまざまな景気循環の波もこうしたS字で表されることが多いのですが、私たちの社会進化をこの視点で見るというのは、社会進化にも規則性があるという意味で、大変新鮮なアプローチです。

図8のS字波は、図9のように、さらに小さなS字波として分解することもできます。

こうしたS字波の性質を前提として、公文氏は、現在を図10（154ページ）のような、近代化の成熟局面「情報化」の一時点としてとらえています。

16世紀半ばくらいからの近代化（図10の大きなS字）は、ほぼ200年ごとに「軍事化」「産業化」「情報化」（それぞれ図10の小さなS字）

図9　S字波の分解と複合

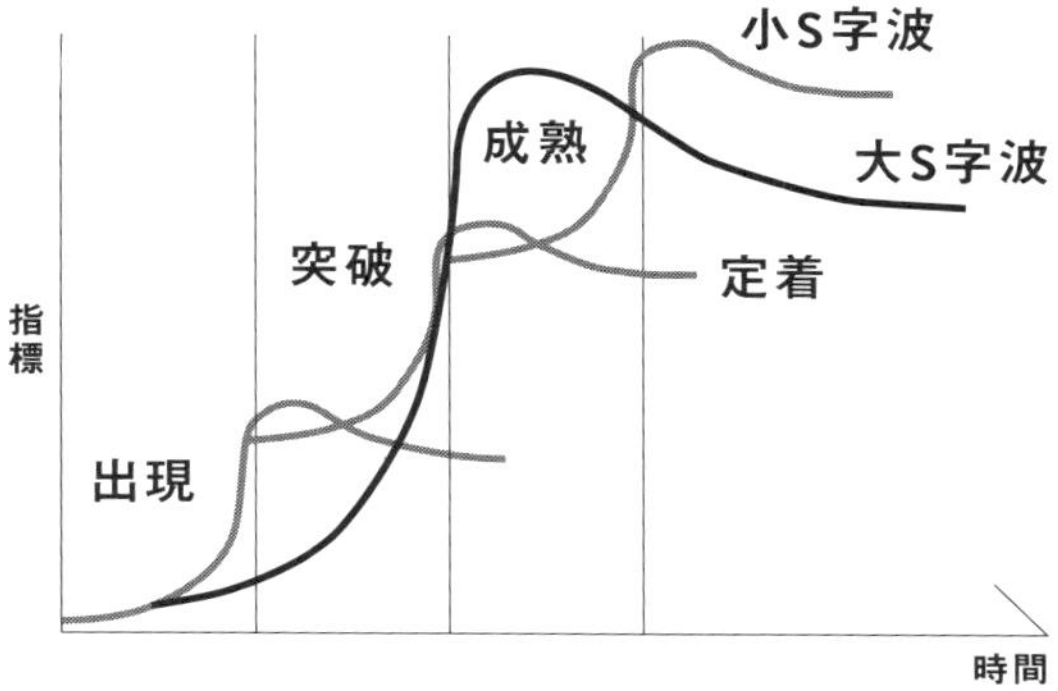

『情報化社会のいま──あたらしい智民たちへ』を参考に作成

という局面に分かれています。三つの局面では、それぞれ軍事力、経済力、知力が大きな意味を持ってきます。局面に分かれているからと言って、200年たてばその局面が終わるわけではなく、次の局面を下支えするように、定着に入っていきます。つまり、その局面は400年近いスパンで見る必要があるのです。

この視点で見ると、**私たちがいま迎えているテクノロジーと共存する時代は、現在、情報化のやっと「突破」局面に入ったばかりです**。2150年、22世紀半ばに迎える情報化の成熟・定着局面がどのような状態なのかは想像もつきませんが、レイ・カーツワイルの唱える、人工知能が人間の知性を超える「シンギュラリティ」が想定されている2045

図10　近代化社会の三局面

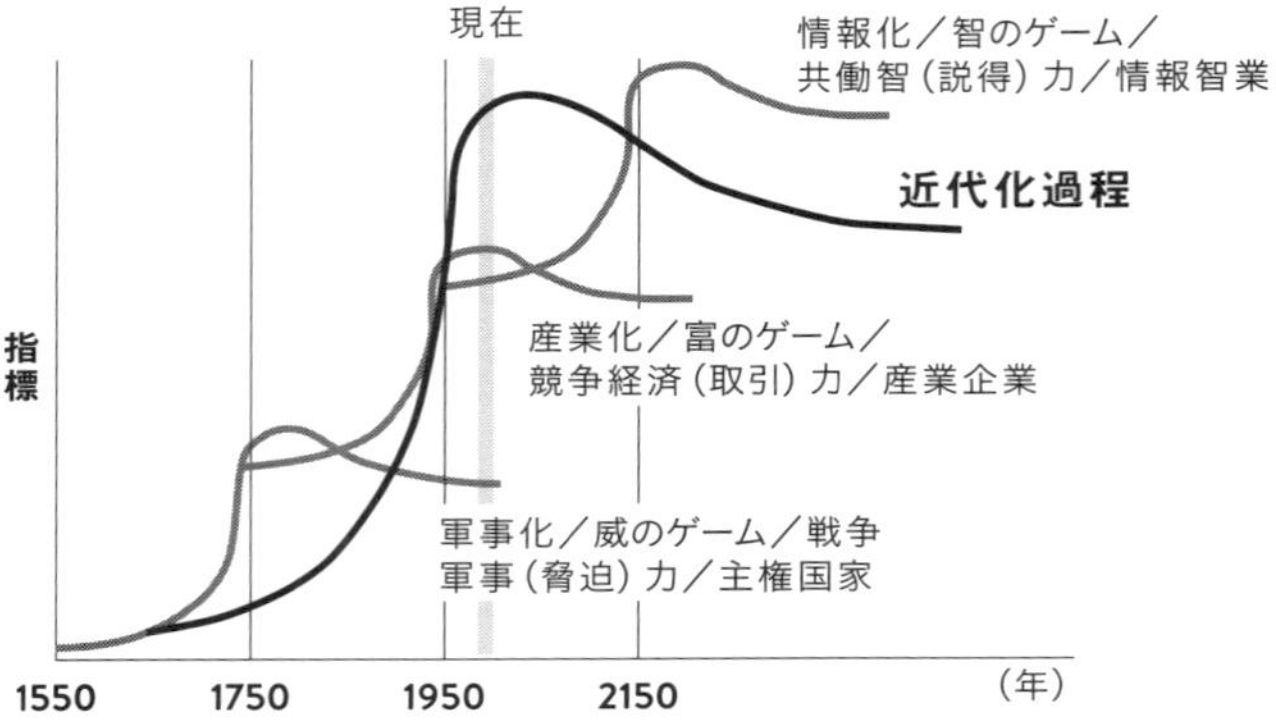

『情報化社会のいま――あたらしい智民たちへ』を参考に作成

年も、図10でいうと情報化のやっと半分程度の時期。S字波の本格的な上昇は、その後にやっと始まります。

1990年代にインターネットの普及が始まり、そろそろインターネットも成熟してきた印象もあるのですが、情報化の視点では、私たちはまだドアを開けて入り口を少し入ったところに佇んでいるだけなのです。情報化の本当の姿は、まだ誰も目にしていない。

公文氏のS字波モデルを引用してきて、お伝えしたかったのは、**AIやバイオ、宇宙などテクノロジーの大きな胎動を感じながらも、ひょっとしたら「本当の情報化社会」は、まだ始まってもいないのかもしれない**ということです。

この時代にビジョンをつくる意味はあるのか？

これらのことを前提にすると、ビジョンをつくる意味はどうなるのでしょうか。

一つは、ビジョンをつくることに意味がないのではないかという懐疑的な考え方があります。これほど早い変化、想像もつかない変化への対応は、人間は得意ではありません。テクノロジーの進歩による変化、つまり未来の不確定性を高く見積もってしまいそうです。とするなら私たちは対応するだけで精一杯であり、つくったビジョンが無駄になる確率が高くなるからつくらない。不要であるという判断もあり得ます。

しかし、私はその考え方には与《くみ》しません。

たとえば日本の人口が減っていくことは確実です。このままで出生率が推移するなら100年ほどあとの2115年は5055万人（国立社会保障・人口問題研究所　平成29年出生中位・死亡中位での推計）になります。日本のピーク人口が1億2800万人でしたので、おおよそ最盛期の40％にまで減ることになります。

このまま減り続けて、江戸時代のような3000万人まで減っていくのか、それとも明治末期と同程度の5000万人で下げ止まるのかはわかりません。都市部に住んでいると感じることが少ないかもしれませんが、私たちは明らかな縮小社会に住んでいます。

私が幼少期に育った長崎県五島列島の奈良尾町《ならおちょう》は、平成の大合併で、町から出張所のある一地域になってしまいましたが、戦後最盛期は1万人が暮らし、船団が10統以上もある、西日本最大の巻き網漁の基地でした。1960年代、通った小学校は全学年で600人の児童が在籍していました。1カ月に一度東シナ海からおおよそ200隻もの船団が戻ると、町は沸き立つような活気に包まれたのを思い出します。1980年代には年間300億円を超える水揚げを記録しています。

しかし、いま墓参りで訪れると、何の音もしない静かな町が広がります。子どもの遊ぶ声がしない。車が通らない。商店街はほとんどが店を閉じている。町を歩いて出会うのはほとんどが老人です。

東シナ海での漁が中国や韓国、台湾との競合で厳しくなり、原油高、船員不足などが重なり、町はみるみる衰退していきました。生徒数が合計900人を超えた小中学校は、数年前に生徒数が10人を切り、別の学校と統合されました。10年後は本当に限界集落になる可能性が大きい。何とかしたい。でも何から、どう手を付ければいいのでしょう。この日本の西の果てにある自分の故郷を訪ねると、日本の未来を暗示しているような気がして落ち込んでしまうことがあります。

ビジョンを持たないということは、こうした流れを傍観することを意味します。問題が起きてから対処する。つまり、事後対処、リアクションで生きていくということです。これは意志の放棄に他なりません。

私たちは生きるうえで必ず何かを選択しています。たとえば現状維持でいい、何も選択しないと考えたとしても現実は容赦なく変化していくため、現状に留まることは実際には不可能です。現状維持は、一見、選択回避に見えますが、実際は「停滞」「後退」あるいは「先延ばしした失敗」を選択しているのに過ぎないのです。厳しい言い方を許していただけるなら、問題にうっすらと気づきながらも、ぼんやり毎日を過ごしているのが、私自身も含めた、いま現在の日本人ではないでしょうか。

私たち日本人は、第二次世界大戦後の経済的な成功という、世界史の中でも極めてまれな成功体験を持っています。しかし長い間、この成功体験が私たちを縛ってもきました。

そのときに形作られた企業活動の方法や社会の仕組みが、あきらかにミスマッチを起こし、問題解決を阻害する方向で働いている。近年相次いでいる、モノづくり企業の製品の製造ミスやごまかしの事件は、その現れではないかと思います。

人間は考えてイメージし、言語化し、そして思い描いたものを実現するように行動して初めて、何かを現実化していきます。富士山に登るには頂上に立つことをイメージし、そこまでのルートを調べ、登山道具を整え、スケジュールを組み、交通機関や徒歩でふもとまで移動しなければ登ることはできません。都合よくいきなり富士山の頂上に居ることは絶対にありえないのです。

具体的に描き、具体的に行動する。ビジョンと現実はそのような関係にあります。

ビジョンをつくる意味は大いにあります。

情報化の局面はどこに向かうのか

国力は国民の人口にある程度は比例するので、ヨーロッパ、日本、韓国などは今後、時期は前後しつつも国力そのものは長い下り坂を下っていきます。逆に東南アジア、西アジア、アフリカは人口が増大していく時期になります。

乱暴な推論ですが、イスラムと西欧のぶつかり合いは、この過程の一環として起こっている可能性があります。

超長期的に見れば、地球の経済などの経済や文化の重心は、徐々に西に西へと移っていく運命にあります。国の勃興を見ていると、開発途上国がその前時代性ゆえに逆にインフラなどを一気に最先端のものにつくり変え、経済的にも文化的にも興隆していくというパターンを見ることができます。戦後の日本あるいは中国や韓国、インドなどの発展は明らかにそうでしょう。

西欧や日本が停滞し、下降する原因は人口減以外には、まさにその興隆であり成功体験にあると考えられえます。成功した方法論を人間はなかなか捨てられないし、その過程でつくられた既存のテクノロジーや仕組みを新しいものに変えることに抵抗します。過去あるいは現在の成功者は未来への抵抗者になり、そして結果的に退歩していくのです。

社会の思い切った変化を動機づける仕組みをデザインできるかどうか。そしてその仕組みが機能するように動かしていけるかどうかが、未来を決めます。社会全体の同意も必要ですが、新たなセーフティネットや細かい利害調整も必要になってきます。

さて、公文氏にならえば、いまは近代文明の「情報化」の時代、局面です。１９５０年前後から始まり、２１５０年前後まで続く、近代文明の成熟局面に当たります。

では、近代文明あるいは近代化とは何か。何が成熟していくのか。情報化の意味を考えてみましょう。

私のみるところでは、未来志向型の近代文明のもっとも顕著な特徴は、人びとが自分の目標を実現するために環境（自分自身をも含む）を支配・制御する手段ないし能力（以下ではそれらを「パワー」と総称することもある）の不断の増進（エンパワーメント）にある。近代化過程とは、この意味でエンパワーメント過程に他ならないのである。

（『情報社会学序説　ラストモダンの時代を生きる』より）

確かにパーソナル・コンピューター、インターネットの普及、また低価格な3Dプリンターや DNA分析器キットの登場、SNSの一般化、シェアリングエコノミーやテクノロジーによるさまざまな物やサービスのコストの劇的低下など、私たち一人ひとりができることが驚異的に拡大していることは実感としてあります。

数十年前は、国家予算を注ぎ込んでもつくれなかった高度で高性能なスーパーコンピューターを、私たちはスマートフォンと呼んで、ほぼ一人1台ずつ保有しています。片手で持てる、この1台で、私たちは、世界中に配信する番組をつくることもできれば、小説も書けるし、簡単な仕事もできます。旅の予約やレストランの予約も自在です。ほとんどの調べ物は、クリックとタップで可能です。あなたの手の中のスマートフォンは個人のエンパワーメントの象徴だと言えるでしょう。

近代化の始まりのころ、戦争をする能力（軍事力）と情報（知識）は権力の独占物・占有物でした。つまり、近代化の過程とは、個人が集団に差し出した「パワー」を、もう一度、個人に戻していく過程と見ることもできます。

わずか50年前でも、獲得された知識・知恵（情報）はごく一部の人に共有されるだけで、本やテレビなどを通じて一般化されるには膨大な手間がかかっていました。インターネットの登場で、その状態は一変しました。しかし、グーグルが理想とする、人類のすべての知識に誰もがアクセスできる世界はまだまだ遠くにあります。ただ、私たちは、そのとば口には確実に立っていると言えるでしょう。

しかし、注意しなければならないのは、情報化は個人をエンパワーメントする側面だけなく、その逆の側面でも起こっているということです。

つまり、個人のエンパワーメントを制限・制御する方向です。コンピューターの膨大な処理能力は、当然私たちだけでなく、国家や巨大な組織にも、パワーを与えているのです。

GAFAの世界で起こること

IT業界では、シェアを奪った企業が事実上世界標準になります。たとえばGoogleの検索での世界シェアはPCとスマートフォンなどすべての合計で90・31％にも及びます。また、ウェブブラウザーもGoogle Chromeが58・94%と2位のAppleのSafari13・77%を大きく引き離しています。スマートフォンのシェアは、Androidが韓国サムスンで30・66%、iOSのアップルが18・91%と2社で世界シェアのほぼ半分を握っています（数字はいずれも2018年 statcounter GlobalStats "Mobile Vendor Market Share Worldwide"）。

しかし、スマートフォンのOSで考えるならGoogleのAndroidとAppleのiOSがそのほとんどを握っています。また、アメリカのeコマースでのAmazonのシェアは2021年には50%を超えるという推計があります。中国を除けばGAFAと呼ばれるGoogle、Apple、Facebook、Amazonに、世界中のインターネット利用者が依存しているのです。

中国でも少数の企業が寡占状態です。それが検索の百度（バイドゥ）、人気SNSアプリWeChat（ウィーチャット）の騰訊（テンセント）、eコマースの阿里巴巴（アリババ）、京東（ジンドン）などです。

こうした企業は事実上、生活インフラのような存在です。正の側面でいえば、こうした高性能で無料のサービスがあることで、私たちの生活は明らかに便利になっているし、生産性も高まっていることは明らかです。

自分に即して言えば、検索はパソコンを初めて買ったときからGoogleで、iPhoneXとApple Watchを毎日身に着け、Facebookを日に3回はのぞき、Amazonでは年間100冊以上の本と消耗品、家電を購入します。私は、相当これらの企業にからめとられていると言ってよいでしょう。たとえば、この本の執筆自体、Googleの検索とAmazonの本の検索・販売がなければまったく成り立ちません。

Googleは長い間、自らの行動規範の冒頭に「Don't be evil.（邪悪になるな）」を掲げていました。2018年、GoogleがＡＩ技術をアメリカ国防総省のドローン用軍事技術に使用していることが発覚し、社内で4000人が反対の署名を行い、十数人が退職する大きな騒動になりました。自分たちの社是である、邪悪になるな、に反するとして。

この騒動自体は、国防総省の契約更新を行わないという発表で下火になりましたが、そのさなか「邪悪になるな」ということばがGoogleの行動規範から削除されます。このことばは、いまは行動規範の長い文章の最後に出てくるのみとなっています。これが話題になっているのは、Googleが強大な力をどのように使うかに人々の関心が集まっているからです。世界の検索市場のほとんどを寡占しているGoogleには、通常の企業レベルではないオープンで、誠実な姿勢と、高い倫理観が必要です。

FacebookがＳＮＳで世界シェアを急速に落としているのも、イギリスの調査会社に意図的に情報漏洩したことによります。特にＳＮＳは個人の嗜好から日常の行動まで細く把握することが可能です。20億人が利用するFacebookは、明らかに地球規模のインフラです。やってはいけないことをFacebookはやってしまった。

これはGoogleやFacebookの倫理観の明らかな後退です。もとから、そんなものはなかった、と断ずることもできます。しかし残念なことに、機能と、そのサービスの中でいままで積み上げてきたもののために、私は、これらの適切な代替物をいまだ見つけられていません。私の中では、GoogleもFacebookも信用格付けは、ＡＡＡからＢＢＢに降格しながらも使わざるを得ない状況なのです。そして、こうした事態はGoogleやFacebookだけでなく、データを扱う、すべてのＩＴ系企業に起こり得る可能性があります。

インターネットが誰が管理しているのかもあまり知られず、非常に民主的に、公共的に運営されているように、こうした**インフラ的な企業は私企業から公共的なものへと変えていく努力が必要なのかもしれません**。もしくは、ＥＵが一般データ保護規則（ＧＤＰＲ）を域内で発効させたように、ＧＡＦＡなどによる個人データの持ち出しに国別に厳しい制限をかけるようなことも、今後頻繁に起きる可能性があります。

ゲームでは人類はＡＩに完全に勝てなくなった

さて。こうした技術革新のほとんどにかかわってくると考えられているのが人口知能、ＡＩです。ＡＩは２０１０年代に入ってディープラーニング（深層学習）の技術が発達するにつれ、急速に性能を伸ばし、世間が注目するようになってきました。

あまり意識しないかもしれませんが、ＡＩを使用した製品やテクノロジーが自然に増えています。もっとも身近なもので言えばiPhoneやアップル製品のsiri（シリ）や、検索のGoogleアシスタント、あるいはWindowsを使っているならMicrosoftのCortana（コルタナ）がそうです。あるいはLINEの女子高校生ＡＩ「りんな」などから、Facebook投稿時の顔認識、ロボット掃除機やソフトバンクのPepper（ペッパー）、ソニーの新型aiboなどにも当然のようにＡＩが搭載されています。

我が家には、Amazonのスマートスピーカー Echo Dotがあります。Amazonのサーバーにネットでつながり、サービスを提供してくれます。私個人は、翌日の天気を聞く程度ですが、家人は調理中に好きな音楽をかけてもらったりしています。たぶん我が家でもっとも使われているＡＩです。

面白いのは、プログラムに従って音声が答えているだけだと分かっていても「アレクサ！」と呼びかけ、小さな直径10センチ、高さ5センチ程度の小型スピーカーが答えてくれるたびに、この小さなスピーカーに自分も含め、家族が親しみを感じることです。ペットのような感情が沸いてくるのです。旧型AIBOをいまだに大切にしているファンが多いように、機械的なものでも、インターフェイスにヒューマンなものを感じる場合、私たち人間（と一般化できないかもしれませんが）は、自然にそこに〝愛情〟を感じるようにプログラムされているのでしょう。これは今後、ＡＩを設計するときにもっとも重要になってくる点かもしれません。

人工知能が人間の知性を超えるという「シンギュラリティ」が話題になったのも、コンピューター囲碁プログラムのAlphaGo Lee（アルファ碁リー：AlphaGoの2代目バージョン）が、世界最強と言われた韓国人の棋士である李世乭《イ・セドル》氏に圧勝してからでしょうか。チェスや将棋に比べて、打ち手が2×10の１７２乗とも言われる膨大さで、この数になると超高性能なコンピューターでも計算に時間がかかります。しかし、AlphaGoは、ニューラルネットワークという人間の脳の特性を、数学的に再現したモデルを使い、自分自身と何千万局の対局を繰り返すことで強くなっていったのです。

これには後日談があります。その後、創られた3代目バージョンのAlphaGo Master（アルファ碁マスター）は、史上最年少で世界戦三冠王になった、李世乭以上と言われる中国人棋士の柯《カ》潔《ケツ》氏に3戦全勝しているのですが、その次の4代目バージョンAlphaGo Zero（アルファ碁ゼロ）は、さらに進んで、いままで必要だった学習用の棋譜やビッグデータなどを使わずに、純粋に自分自身との対局を繰り返すことで数十日で強くなり、その結果、李世乭氏に勝ったAlphaGo Leeには100戦全勝、柯潔氏に圧勝したAlphaGo Masterにも100戦で89勝11敗と、圧倒的な数値を残すようになっているのです。もはや人類で勝てる者はいないレベルに達しています。

それでもシンギュラリティはやってこない

こうしたことを見聞きすると、どうしてもシンギュラリティ、人工知能の知性がすべての面で人間の知性を上回る状態、つまり、人工知能自身が自分より知能の高い人工知能を生み出せる現実がやってくるのではないか、との思いがわきます。

しかし、勘違いしてはならないのは、驚異のレベルに達したAlphaGo Zeroも、いま話題になっているさまざまな人工知能も「特化型人工知能」であり、ある特定の分野にしか使えない存在だということです。AlphaGo Zeroにチェスや将棋を教え込めば、素晴らしい戦績を残すかもしれませんが、いまのところ〝彼〟は囲碁にしか能がありません。子どものお守りもできないし、私たちが「天気を教えて」と言っても何の声も返ってこないし、ましてや自動運転もできない。

ＡＩの囲碁での驚異のレベルも、たとえば医療分野でガンの読影、画像解析を手掛けたり、法律の判例の調査などを手掛けるのと同じように、特定の分野では、人間より、高速に、大量にデータ処理して、24時間休まずに働ける、ということにすぎません。人間のような知性・判断力そして自律性を備えた「汎用型人工知能」の実現に関しては、ほぼ、そのとっかかりさえも見えてはいないのです。

ベストセラー『ＡＩvs.教科書が読めない子どもたち』（東洋経済新報社）の中で、ＡＩによる東京大学合格を目指したプロジェクト「ロボットは東大に入れるか」のプロジェクトリーダーである著者の新井紀子《あらいのりこ》氏は、「コンピューターが数学の言葉だけを使って動いている限り、予見できる未来にシンギュラリティが来ることはありません」と断言しています。少し長くなりますが、同書にある新井氏のことばを引用します。

「真の意味でのＡＩ」が人間と同等の知能を得るには、私たちの脳が、意識無意識を問わず認識していることをすべて計算可能な数式に置き換えることができる、ということを意味します。しかし、今のところ、数学で数式に置きかえることができるのは、論理的に言えること、統計的に言えること、確率的に言えることの３つだけです。そして、私たちの認識を、すべて論理、統計、確率に還元することはできません。

脳科学が随分前に明らかにしたように、脳のシステムはある種の電気回路であることは間違いなさそうです。電気回路であるということは、ｏｎかｏｆｆか、つまり０と１だけの世界に還元できることを意味します。基本的な原理は計算機と同じかもしれません。それが、「真の意味でのＡＩ」や「シンギュラリティの到来」を期待させている一面はあると思います。けれども、原理は同じでも、脳がどのような方法で、私たちが認識していることを「０、１」の世界に還元しているのか。それを解明して数式に翻訳することができないかぎり、「真の意味でのＡＩ」が登場したりシンギュラリティが到来したりすることはないのです。

（『ＡＩ vs. 教科書が読めない子どもたち』より）

物理学者は、宇宙の仕組みを数式で記述することに数百年かけて取り組んでいますが、一歩進むとまた認識の枠組みを崩してしまうような事象が現れ、それを取り込めるような考え方、数式を探ることを繰り返しています。

人間の意識無意識を、数式で記述することは、宇宙の記述より、はるかに遅れています。脳科学も含め、まだ、緒についたばかりと言っても過言ではありません。

苦悩するアトムや失敗もするドラえもんのような高度なＡＩロボットを描いてきた日本人に

は、少し寂しい話かもしれませんが、冷徹な事実としては、ここしばらくは（あと数十年かもしれないし、あるいは百年かかってもできないかもしれませんが）、人間の知性に匹敵する汎用的ＡＩは誕生しない、つまりシンギュラリティはない、と私も考えます。

欧米でシンギュラリティが盛んに論じられる遠因の一つには、個人的には、キリスト教的な救済への志向があるのではないかと思います。つまり乱暴に言えば、全能の神としてのシンギュラリティＡＩの出現を待望しているのではないか。私たちは、もう少し冷静にＡＩというものを捉えた方が良さそうです。

大量のデータですくすく育つＡＩ

ＡＩは新井氏が言うように「論理、統計、確率」の三点セットで動いています。このところ、ＡＩが急速に発達してきたのも、この三点セットを支えることができる膨大なデータ量を、コンピューターの高性能化と低価格化、通信技術の発達で、気軽に扱えることができるようになったことによります。

ＡＩを育てる最高のごはんは「大量の、良質な、データ」です。AlphaGoが囲碁で、あれほど強くなれたのも、盤面の中で白い石と黒い石の陣地取りという、コンピューターにかぎりなく親和性の高い「0、1」的世界で、数千万回の自己対局により「大量の、良質な、データ」が手に入ったからです。こうしたデータを豊富に供給することによって、ＡＩは「論理、統計、確率」の三つの精度を飛躍的に高めることができます。

ＧＡＦＡのGoogle、Apple、Facebook、AmazonがＡＩで世界の先頭を走るのも、中国が国家プロジェクトでＡＩに取り組み、実績を残せるのも、彼らに大量のデータを手に入れる手段があるからです。

単純に比べても、人口1億2700万人の日本と、13億8000万人近い人口を抱える中国では、データの供給量が人口比で見積もっても、10・8倍の開きがあります。つまり、かなり乱暴な言い方を許していただければ、中国のＡＩの成長速度は日本の10倍以上なのです。

21世紀は情報化時代だ。情報が大きな価値を持つ。1980年代に、そう言われても私個人はピンと来ませんでした。2010年代に入っても私の頭の中で、どうなのだろう、と思っていました。しかし、実用的なＡＩの出現と発達で、まさに「情報そのものが石油のように価値を持ち、力になる時代」を実感できるようになりました。

ビッグデータを含む、すべての情報は「21世紀の石油」です。多種多様な、大量の情報を手に入れ、それをできるだけスピーディに「論理、統計、確率」的に処理し、その問題解決のパターンを現実の中から汲み取り、処理できるＡＩをつくったところが、21世紀をリードします。

データが石油や金のように価値を持つ時代が到来したのです。

世の中の効率化は行きついたように見えます。ＡＩは、囲碁で行ったように、人間が予測もしない場所に、解法の規則を見出し、新たな視点を提供してくれるはずです。人間が気づきえない、人間の思考や行動のクセやパターンを見つけ、人間とは違う視点で問題を解決していく。私たちが行わなくていい仕事は、彼らがスピーディに処理するようになるでしょう。

本当の意味での**「劇的な効率化」とそれに伴う「世の中の仕組みの大改編」は、これから始まります。**

ビジョンのヒントとなる四つのキーワード

ＡＩの出現で何が起こりそうなのか。インターネットやＶＲ（バーチャル・リアリティ＝仮想現実）、ＡＲ（オーギュメンテッド・リアリティ＝拡張現実）、あるいは仮想通貨も含めた金融の仕組みが何を引き起こしそうなのか。ロボットや遺伝子工学などの分野の発達は社会にどんなインパクトを与えるのか。これらのテクノロジーは世の中をどのように導いていくのか。

ビジョンを考えるうえで一度立ち止まって見る必要があります。なぜなら、ビジョンは公共の夢という性質を持つ以上、私たちにどのような未来が訪れる可能性が高いのか、ということを考えることなしに創ることはできないからです。いわば、これは企業にとってのビジョンづくりの大きな前提なのです。

テクノロジーが向かっている先の未来は、四つのキーワードで表すことができます。

まず、一つめは**「知性の外部化」**です。

記憶、認識、判断は人間の知的活動が負ってきたものですが、これらのかなりの部分をＡＩが代替するか、サポートすることが日常になります。

たとえば、すでに私たちは分からないことがあるとスマートフォンで検索することが日常になっています。携帯電話やスマートフォンの普及で、自宅や自分の電話番号を覚えていない人も珍しくなくなりました。メモは写真で残すことも日常的です。記憶の外部化はごくごく意識しないような当たり前のものになります。

医療診断や金融取引、法律事務では急速にＡＩ導入が進んでいますし、お隣の韓国では政治に活用するためのＡＩ、つまり社会問題解決のためのＡＩ研究も進められています。このほか話題の自動運転から創造性が必要な分野までＡＩは進出していきます。判断の外部化がかなりの勢いで進みます。人間の知的活動で、代替できる部分は外部化されていくでしょう。

2番目は**「感覚と能力の拡張」**です。

人間の発明物のほとんどは、200万年以上前の打製石器から最新のロボットまで、人間の能力を拡張させるものとして誕生しています。今後想定されるのは、五感も含めた身体の感覚や機能が大幅に拡張される未来です。

VRやARは明らかに人間の見る、聞くなどの体験を大きく拡張するテクノロジーです。脳は、目の錯覚が引き起こす錯視の実験などで分かるように、目の前で展開するものを現実と混同してしまう性質があります。ということは非常に高度なVRやARを体験した場合、認識の部分では現実ではないと判断しても、私たちの脳の感覚はそれを現実に体験したものとしてインプットしてしまいます。

シリコンバレーのテック博物館に鳥人間になれるアトラクションがあるのですが、目の前の映像がCGだと分かっていても、個人的に体験したニューヨークのビル街を飛行する感覚はなかなかのものでした。落ちて高度が下がっていくと恐怖を感じるのです。今後、視覚、聴覚だけでなく触覚や嗅覚、味覚も含めて再現できるようになれば、作り出されたものであっても、私たちは現実の体験として受け入れるようになる可能性が高いのです。

また、実際の現実的な身体能力も拡張される可能性があります。

たとえば、筑波市にあるサイバーダイン社が開発するロボットは人間が装着し、体の機能を改善・補助・拡張・再生するためのもので、実際に介護企業などへの貸し出しを行っています。

これは装着した人の脳の信号を読み取り、その行動を運動面から支援する機能を持っています。ＳＦ映画で見るように、華奢な女性が１００キログラムの荷物を軽々と持ち上げるような、そんなイメージで私たちの運動能力をパワーアップします。

こうした能力拡張はＡＩ、各種のセンサーや工学的なテクノロジーの進化と結びつくことで、新たな段階に入っていくはずです。

3番目は**「分散化」**です。

インターネットは、結局、人から人、端末から端末に直接つながる分散したＰ２Ｐ（ピア・トゥ・ピア）のネットワークであり、中央に管理者のいないことが大きな特徴です。

この「分散化」という特徴は、人類史的にじわじわと巨大な変化をもたらすのではないか、と思います。農業が約1万年前に生まれたあとは、私たちは集権的な権力をつくり、その庇護（圧制という形式も含め）のもとで暮らしてきました。ネットワーク・テクノロジーの存在は、こうした中央集権的なものから人間を解き放つ可能性を示しています。もちろん、逆の可能性も内包しています。

ビットコインのブロックチェーン技術が画期的なのは、この通貨に価値を保証する発行主体つまり中央の管理者である中央銀行が存在しないことです。仮想通貨は、個々の取引が流通する通貨そのものに記録されることで、通貨としての信用を担保しています。この性質は現在の通貨制度だけでなく、現在のさまざまな制度を根底からひっくり返す可能性を秘めていることが分かります。

国家という制度の権威あるいは権力の源泉には、通貨の発行権と国民からの徴税権があります。

しかし、このブロックチェーン技術は、それらを無効化する可能性を秘めています。各国政府が恐れるのは極めて正しい反応なのです。

時代は、中央に管理者が居て全体を統御していくという、国家も含めた近代の制度が、分散化によって揺さぶられる段階に入ってきています。

これは現時点では想像できませんが、ひょっとしたらインターネット時代の公共サービス部門といえるGoogle、Amazon、Facebookなども、より開かれた、つまり公共化した運営や組織にならないと淘汰されていく可能性があります。なぜなら、いま最先端を行く彼らも、それらのサービスを中央で統御している管理者、つまり権力者には違いないからです。

グレートウォールという強力なネット規制を行う中国も例外ではないでしょう。数十年あるいは百年単位でみれば、必ず分散化テクノロジーが、その壁に亀裂を入れていくはずです。

4番目は**「所有から共有へ」**です。

いま民泊であればAirbnb（エアビーアンドビー）、HomeAway（ホームアウェイ）、途家（トゥージア）。ライドシェアであればUber（ウーバー）、Lyft（リフト）滴滴出行（ディディチューシン）。ヨーロッパでは、近隣の人から日用品を借りるサービスや、持続可能なエネルギーを共有するサービスなども出現しています。

たとえば、車は大きく変わるものの一つになります。実は2000年代以降、若い世代が車を欲しがらないことが統計的にもはっきりと出ています。これは日本だけでなく先進国では世界的な傾向です。

今後、自動運転車が普及してくると、車は、いま多くの人がレンタルビデオの会員であるように、必要なときにスマートフォンのアプリで自宅前まで自動運転車を呼んで、目的地まで乗ってそこで乗り捨てるようなパーソナル化した交通機関のような存在になるのではないかと思います。安全で、非常にコンパクトにつくられた車が街中を走り回るようになるのではないでしょうか。

結果的に車は公共財のような存在になっていきます。車メーカーは最終商品を売る会社ではなく、水道局やガス会社のように移動サービスをインフラとして提供する会社になる可能性が高いでしょう。

10年後にはUberさえ古臭く感じるような、移動サービスの会社が誕生している可能性があります。いずれにしても、さまざまなものが共有財や公共的なものに変わっていく流れが加速します。

四つのキーワードを一つに括ってみる

これらの四つのキーワードは、ひょっとしたら一つのキーワードで括れるのではないかと私は思っています。それは**「集合知」**です。

人間のテクノロジーは2百万年以上、身体的能力の拡張に費やされてきたわけですが、第二次世界大戦前、アラン・チューリングが計算機の構想を発表したあたりから、知的能力の拡張への舵を切っています。その歩みがインターネットの発明と、コンピューターそのものの能力の進化と、データ処理の技術の進歩とあいまって、ＡＩを含めた集合知テクノロジーの爆発的進化を準備しています。

「知性の外部化」「感覚と能力の拡張」「分散化」「所有から共有へ」とは、単語を抜き出せば、「外部」「拡張」「分散」「共有」です。一人ひとりの能力を高めながら、みんなでつながって問題を解決していこう、世の中を良くしていこう、という風に見えます。

多様性が集団内に確保できている場合、専門家が下す判断よりも「みんなの意見は案外正しい」ことは実証実験などでも確かめられています。しかし、インターネット以前に集合知を使うシステムは、世論調査やアンケート、選挙など大規模な準備が必要で、かつ特定の目的にしか使えないものがほとんどでした。しかし、ここ10年ほどは、そうした集合知あるいは膨大なビッグデータを活用する下地が整い、AIも含むテクノロジーによって、さまざまなシェアリングサービスの台頭が始まりました。また、LGBTなどのさまざまな多様性を受け入れていこうという「ダイバーシティ」は、大きな向かうべき方向、潮流として定着してきています。

私たちが直面している問題は、地球温暖化、エネルギー、地域紛争、貧困、富の偏在にしても、個々人の努力あるいは制度的な規制ではどうしようもないレベルに達しています。

つまり、**テクノロジー進化は、人類的な集合的無意識が「集合知」を活用し、これらの問題を解決しようと準備しているために起きていると解釈することもできます。**

「集合知」は、ポピュリズムなどに流れる危険性をはらんでいます。しかし、それでも母集団が人類にまで大きくなれば多様性は必ず確保できます。この知性を使わない手はありません。

現生人類であるホモ・サピエンスは、遺伝子の解析や遺跡の調査により、アフリカ南端などに住む1万人前後までに激減した時期があったという研究があります。つまり遺伝子の特性から、肌の色や身体的特徴も含め、いまの人類が千差万別だとしても、実際は遠い親戚程度の違いしかないのです。

われわれは小さな集団からスタートし、そして地表面のほとんどを覆うような70億人の部落を築きました。その小さな集団が70億へ大規模化する過程で獲得した「集合知」を、一人ひとりの人間が実装する段階が、これからの時代に用意されていると考えたら、どうでしょう。

次の10年、20年あるいは50年、１００年を想定したビジョンを作るなら、こうしたイメージといくつかのキーワードを頭の隅に入れて考えてみることをお勧めします。

では、いよいよビジョンづくりに取り掛かりましょう。

第二部
ビジョンをつくる

Part 2

第二部では、ビジョンとは何かを明確に定義し、
組織の中での、ビジョンのつくり方と使い方を
できるだけ具体的に明らかにしていきます。
最高のビジョンがこの国に数多く生まれることを願って。

第5章 Chapter 5

「最高のビジョン」のつくり方

この章では、ゼロベースでのビジョンのつくり方を解説します。

すでに企業ビジョンが設定されていても、その波及の度合いや効果が限定的だと考えられるなら、あらためてビジョンを設定する、もしくは見直すことには、とても意味があります。

ビジョンなど理念系のことばを生み出すことは、その過程そのものが経営トップからスタッフまで一気通貫できる思いを共有するチャンスであり、インナーブランディングの重要な局面にもなります。場合によっては企業再生につながる作業となるでしょう。

実際にビジョンや理念づくりの現場で私が使ってきた手法を中心に、できるだけ具体的に「最高のビジョン」のつくり方をひも解いていきます。

1 ビジョンを定義する

曖昧な意味で使われることばたち

第一部では、ビジョンについて事例などを踏まえて語ってきましたが、ビジョンということばが何を意味するのか、その定義には言及しませんでした。

経営あるいはマーケティングの用語は、20世紀のアメリカで発達してきたため（世界的な経営学者やノーベル経済学賞受賞者の多くはアメリカ人です）、使用されている英単語が翻訳されずにそのまま入ってきています。

ビジョン、ミッション、コンセプト、ポジショニング、ターゲット、インサイト、セグメント、ブランディング、ベネフィット、ユーザー、カスタマー……。

インターネット系やデータ分析などでも同じような状態です。ユニークユーザー、ページビュー、コンバージョン、キー・パフォーマンス・インディケーター、ライフタイムバリュー、フリークエンシー……。

私は、出身がコピーライターであるせいか、こうしたことばの意味や定義が無性に気になります。

ユーザー＝利用者、カスタマー＝顧客などの単純なことば、あるいはキー・パフォーマンス・インディケーター＝重要業績指標、ライフタイムバリュー＝顧客生涯価値など、一見意味不明に見えても中身を聞けば納得できることばは良いのです。

単純に見えるビジョン、ミッション、コンセプトなどのような大きな概念を指すことばの把握が非常に難しいのです。なぜなら、これらのことばは、societyを「社会」、libertyを「自由」とするなど、明治期に行ったような日本語の新しいことばとして肉体化されずに、入ってきたそのままで使われているからです。

どのような文脈で、どのように作られ、どのように活用されているのか。その前提があいまいなままなのです。

そして日本語訳が単純なことばであるがゆえに、社員の行動原理や道徳律を経営ビジョンとして掲げるようなことが起こってしまいます。この本では「ビジョン」も含め理念系のことばの意味合いを、その性質も含めて明確に規定します。

ビジョンを定義する

まず、辞書でのビジョン（VISION）の意味は、次のようになります。

「視力、視覚、（学者・思想家などの）洞察力、先見の明、（政治家などの）未来像、ビジョン、（頭に描く）幻、幻想、夢、（宗教的な）幻影」（weblio英和辞典・和英辞典）

「①視覚。②幻影。③未来像。将来展望。見通し。」（広辞苑）

「vis-」という接頭辞には「見る」という意味があります。そして、接尾辞の「-ion」には「こと」という意味があります。「vision」とは端的に言えば「見ること」という意味なのです。もともとの英語単語の意味を前提にすれば「見ること」ができないものはビジョンではない、と言えるのです。

乱暴に規定すれば、ビジョンとは、一枚の「絵」でなくてはならないと言えるでしょう。

それは、あなたや、あなたが経営するあるいは属する会社や組織が共有している「視覚的なイメージ」なのです。私には、たくさんの人を巻き込む力を持ったビジョンは、何よりも「映画のワンシーン」のように、ありありとしたイメージを喚起するものだという確信があります。

20世紀最高のビジョンを見てみよう

20世紀あるいは21世紀も含め、現時点で最高のビジョンだと思うものの一つに、マーティン・ルーサー・キング牧師の1963年のワシントン大行進での演説があります。

彼の人種差別を無くす強い意志と、人種差別がなくなった日を描くビジョナリーなことばは、英語が拙《つたな》い私でも、また距離的にも時代的にも離れた、いまの日本で接しても強く心を揺さぶられます。

中でも、有名な"I have a dream"がリフレインされる中で語られる次のフレーズは、まさにビジョンが、どういうものであらねばならないのかをはっきりと示しています。

I have a dream that one day on the red hills of Georgia, the sons of former slaves and the sons of former slave owners will be able to sit down together at the table of brotherhood.

私には夢がある。それは、いつの日か、ジョージア州の赤土の丘で、かつての奴隷の息子

たちとかつての奴隷所有者の息子たちが、兄弟として同じテーブルにつくという夢である。

（"AMERICAN CENTER JAPAN"「米国の歴史と民主主義の基本文書」内「Martin Luter King's "I Have a Dream" Speech」及び「私には夢がある」〈1963年〉より）

聞くたびに鮮烈なイメージが立ち上がります。

一度、立ち上がった、そのイメージは心に住み着いて去りません。素晴らしいビジョンとは、このような力を持っています。

ビジョンは多くの人の頭の中に、なんらかの「未来の姿」「映像」を見せます。なぜなら、それは文字通り、VISIONだからです。つまりことば本来の意味から考えれば、視覚的なものであり、良い意味での映像を感じさせるものなのです。ビジョンが、一つの視覚的なイメージとして描かれると、強烈な伝達力を持ちます。

そして、重要なのは、キング牧師のビジョンは単純な「絵」ではなく、明らかに**「自らの意志を投影した未来像」**であることです。このことばがビジョンとして大きなエネルギーを発し続けるのは、キング牧師が多くのアフリカ系アメリカ人あるいは多くの人種差別を受けている人々の願いを、自らの願いや夢として内側に育み、こうあるべきである、という確信をもって伝えようとしたビジョンだからに他なりません。

ビジョンは、まず何よりも「自らが心から達成したいと願う未来」でなければならないので

す。

それは、あなた自身がわくわくし、そのビジョンのことを考えるだけで、毎日仕事がしたくなってしまうような未来像です。

翌朝のディズニーランド行きに興奮して眠れなくなった子どもを想像してみてください。子どもたちにとってのディズニーランドのようなイメージを、私たちがビジョンとして獲得したら、どんなに充実した毎日が送れることでしょう。憂鬱な月曜日の朝は消え去ります。

この本で取り上げているAmazonも、Patagoniaも、さらには無印良品などでも、創業者や経営陣にわくわくするビジョンが見えた瞬間があったはずです。

ジェフ・ベゾスであれば、あらゆるものがクリック一つで購入され、家に届き、家族のだれかが笑顔でそれを出迎えている瞬間。Patagoniaのイヴォン・シュイナードであれば、美しく豊かな地球環境が世界各地に保たれていて誰もがそれを楽しんでいる世界。無印良品であれば、簡素で、質実な生活を送る30代の若い家族の一日。それらは最初は茫洋《ぼうよう》としたイメージであっても、消せない火として彼らの胸にともったはずです。

なぜ優れたビジョンは伝染するのか

焼野原が広がるだけだった東京に、東京通信工業、のちのソニーが設立されたとき〝理想工場〟をつくると謳ったビジョンは、社内だけでなく、関わる人たちに伝染していっただろうと想像できます。

スティーブ・ジョブズが「すべての机の上にコンピューターを」と語ったとき、多くの人がそうであってほしいと強く願ったからAppleは瞬く間に巨大企業に成長しました。

Googleが、自分たちの使命は「世界中の情報を整理し、世界中の人々がアクセスできて使えるようにすること」と語ったとき、そこから立ち上がってくる「すべての情報にだれでもアクセスできる世界」というビジョンに衝撃を受け、興奮した人間は筆者だけでなく、世界中に無数にいたはずです。私たち自身が魅入られる未来像でなければ、周りを巻き込み、その熱を伝染させていくことは不可能です。

これらのビジョンを聞いた方は、たぶん半信半疑だったでしょう。焼野原には食うや食わずの人々が溢れ、工場をつくろうにもないない尽くしの状態です。

インターネットはまだ勃興期で、可能性は大いに感じさせるものの、いまから考えると回線

図11　優れたビジョンとは

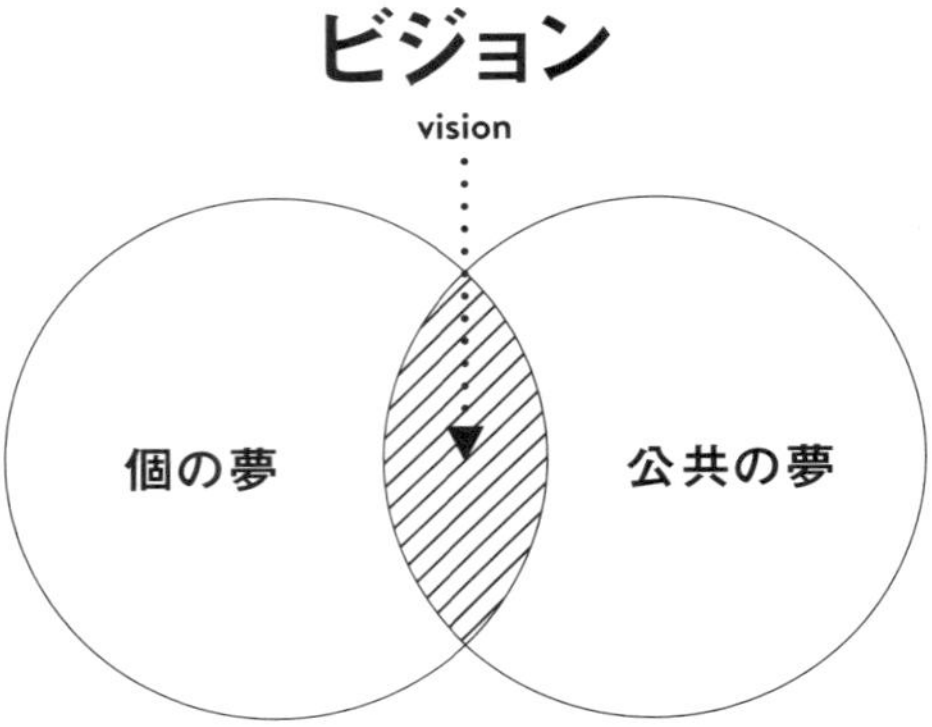

速度も、コンピューターのスペックも原始的といってよいほどのレベルです。

それでも、これらのビジョンが人を感動させたのは、微かな可能性をすくいあげた向こう側に、まったく見たことのない、つまり強烈に見たい、味わいたいと思う未来が垣間見えたからです。それはひとりの人間や、一つの組織が立ちあげたものですが、多くの人に共有される、もしくは多くの人が共有したいと願う未来でした。

優れたビジョンは、図11のように、人や組織に固有のものでありながら、多くの人に「私の夢でもある」と思わせる力をもっています。人々を静かに巻き込んでいく力です。それは、たぶん個人が抱いたものであっても、その中に無私の精神が潜んでいるために、最終的には人々に共感され、共有され、みんなの夢としても力を得ていくのでしょう。**ビジョ**

ンとは、ある固有の組織や人の中に生じた「公共の夢」でもあるのです。

また優れたビジョンは、**現状がどのような状態であろうと、あるべき未来を構想していく「洞察」と自らの「信念」を前提に組み立てられています。**

Googleの「すべての情報にだれでもアクセスできる世界」は、まさに、現状がどうあろうと未来はこうあるべきだという強い信念にもとづいて打ち立てられたビジョンです。

あらゆる情報がデジタル化され、世界中だれでも、どこにいても、気軽にアクセスして活用できる。これは情報の民主主義であり、情報は万人に対して徹底してオープンで、機会平等であるべきだ、という精神から生まれた、ある意味過激なビジョンです。スタンフォード大学の博士課程で、まさにコンピューター・サイエンスの最先端にいたラリー・ペイジとセルゲイ・ブリンだからこそ確信をもって描けたものです。

彼らは、正確に現状を把握できたがゆえに、その現状が向かっている流れ——未来が洞察できた。その洞察を、信念の域にまで高めたものが、「世界中の情報を整理し、世界中の人々がアクセスできて使えるようにすること」というミッションであり、そこから立ち現れる「すべての情報にだれでもアクセスできる世界」というビジョンなのです。

ビジョンの性質・機能と定義

ビジョン vision

優れたビジョンは、未来への洞察と自らの信念の上につくられている。であるからこそ、未来を夢見たい私たちのエネルギーを結集する力を持っているのです。

ビジョンが持つ性質は次の三点です。

ビジョンの性質

1. 自らが心から達成したいと願う未来像である
2. 「公共の夢」として人々を巻き込む力がある
3. 未来への洞察と自らの信念の上につくられている

こうした性質を持ったビジョンは、企業の未来を指し示す「コンパス」であり、もっとも大きく長期的に描かれた「経営計画」であり、また「憲法」でもあります。そのために自らの企業とビジネスがあるのですから「存在意義」「存在する理由」でもあります。企業と一体不可分で、分けることはできないものなのです。ジ・エブリシング・ストア、そして地球上で最もお客様を大切にする企業を目指さないAmazonが、もはやAmazonではないように。

極論すれば、ビジョンは、あなたのものではないと言えるかもしれません。特定の人のものではない。たとえ、一人の、特定の人の頭に閃《ひらめ》いたものであっても、世界が実現したいと願った集合的そして公共的な知恵が、「たまたま、その人を通じて現実世界に表出されたもの」ではないかと私は考えます。ジェフ・ベゾスが居なくても遅かれ早かれ、ジ・エブリシング・ストアは誰かの頭にアイデアとして降りてきたはずなのです。

そして、こうしたビジョンは、すぐれたコンセプトがそうであるように、日々の企業活動における共有された目標となり、モチベーションの源泉となるとともに、一人ひとりの行動や判断の基準になります。

これは、コンセプトという視点でも見るなら、企業のもっとも核心にある**「セントラル・コンセプト（Central Concept）」**と位置づけてもよいでしょう。

とすると次の三点がビジョンの機能になります。

ビジョンの機能

1. 共有された目標となる
2. 日々のモチベーションの源泉となる
3. 行動と判断の基準になる

こうしたビジョンの性質と機能を前提にして、ビジョンを次のように定義したいと思います。

ビジョンとは……自らが生み出しえる最高の公共的未来像

ビジョンとは、性質から見ると**「多くの人に共有・共感される、未来への洞察を信念にまで高めた末に生まれた、自らが心から達成したいと願う、あるべき未来像」**です。

それは企業であれば、人々の幸福につながるような価値の創造を通じて達成するものでなくてはなりません。

名著『ビジョナリーカンパニー――時代を超える生存の法則』（日経BPマーケティング）には、理念を忠実に守ろうとするビジョナリーカンパニーが、非常に高い目標を掲げ、一切の妥協を排して邁進する姿が書かれています。自ら生み出しえる最高の価値を提供しよう、という覚悟のないものはビジョンとは言えないのです。企業として、すぐに手に入り、すぐに提供できそうな目標は便利なものではありますが、ビジョンからは隔たっています。そこには、あなた方が提供しうる最高の価値が含まれていなければならないからです。

そうであったら本当に素晴らしい、と思えるものだけがビジョンを名乗る資格を得ます。

そうであってこそ目標になり、モチベーションの源泉となり、行動や判断の基準という、三つの機能がちゃんと働いてくれるのです。

理念系のことばを定義してみよう

ビジョンに明確な定義が存在しなかったように、理念系を代表するミッションやコンセプトなどのことばにも、はっきりした定義は存在しません。もちろん、ことばそのものの辞書的な意味合いは共通のものがあるのですが、それが企業経営や行政などの現場で使われる場合、明確な定義もなしに使われることがほとんどです。

それは、つまり、ミッションやコンセプトとして、あやふやなことばを掲げることが多いのが現状なのです。

前項でのビジョンの定義のように、こうした理念系のことばについて本書なりに意味と働きを定義します。

本書はビジョンの働きや機能、つくり方を追求していきますが、そこで描かれた未来像を実現するためには、ビジョンを機能させるための仕組みとして、さまざまな理念系のことばの規定が必要だからです。

ここでは、最低限必要だと思われる理念系のことばの定義をはっきりさせたいと思います。やり方としては、すべてのことばの元々の意味に遡《さかのぼ》り、そこからありうべき定義を導き出します。

まずは、ミッション、コンセプト、バリューという三つのことばを定義していきます。

ミッション mission

ミッション（mission）は非常に多くの企業で使用されています。元の単語には「使命、任務、伝導、使節団、伝導団」などの意味があります。多くは「企業の使命」という意味で使われています。

元の語源であるラテン語mittereは、送るという意味合いを持っています。そこから派生したmissionは「送ること」を語源とし、伝導や使命の意味で使われるようになっています。いわば**「やむにやまれぬ熱情があって、それを使命と捉えて行動するイメージ」**がこのことばの中に込められているのです。

使命とは「①使いとして命ぜられた用向き。使いの役目。②使者。③自分に課せられた任務。天職。」（広辞苑）です。単純に解釈すれば、ミッション――使命とは〝企業が自らに課した務め〟に他なりません。

企業がミッションというとき、何者かに命ぜられて、そして何者かの使いとして事業を行うのではありません。世の中にある、すべての企業は自らの内発的な意志（やむにやまれぬ熱情や必要性、問題意識、当事者意識）に基づいて設立されています。従って、その中には、その意志に従った〝行うべき取り組み〟が明確に示されなければならないと、私は考えます。

つまり、ミッションは次のように定義できます。

ミッションとは………自らに課した達成すべき取り組み

事例としてAmazonを取り上げるとミッションは次のものになります。

地球上で最もお客様を大切にする企業であること、

お客様がオンラインで求めるあらゆるものを探して発掘し、
出来る限り低価格でご提供するよう努めること

（https://www.amazon.jobs/jp/working/working-amazonより）

とてもシンプルなことばが書かれているのですが、これを実際に全社的に地球規模で本気で取り組んでいるのがAmazonの凄さです。

ミッション——使命とは、日本語では「命を使う」ということでもあります。企業生命を懸けて取り組むべきことが書かれて初めて、それはミッションとして成立するのです。

コンセプト concept

コンセプト（concept）も同様に曖昧さがただようことばです。これは日本語の辞書を見ると「概念、観念」あるいは「創造されたものの全体を貫く視点や発想」という意味が出てきます。私たちがコンセプトということばを使うときは、おおよそ後者の意味で使っていますが、もう少し実際的な定義が必要です。

コンセプトは、実際に使っている現場では、プロジェクトや計画の骨子になることばで、関わる人たちを方向づけて自分たちが何をしようとしているのかを共有するためにあります。つまり、事業であれば事業像を把握させ、進捗《しんちょく》させていくテコになるようなことばなのです。

Conceptを英英辞書で引くとprinciple（プリンシプル）ということばが出てきます。これは原理、原則、仕組み、根本方針などの意味を持っており、私はコンセプトは、この「principle」に非常に近いことばだと考えます。それはConceptの語源をたどると「しっかりと捕まえられた」という意味にたどりつくことからも、原理、原則、根本方針などの意味をもとに定義したほうが良いでしょう。

ただし、先の辞書にもあったように、コンセプトは「創造されたものの全体を貫く視点や発想」という切り口的な要素も持っており、いままでにない概念や捉え方を言語化することが多くなります。これは既存の考え方をなぞっただけのコンセプトでは、たくさんの人をモチベートし、動いてもらう力が弱くなるからです。

たとえば、アイドルユニットのAKB48がインドネシア、タイ、台湾、フィリピンなど世界にも輸出できたのは「会いに行けるアイドル」というコンセプトが、海外の国も含めて新鮮な切り口であり、そこに大きな潜在的な需要があったことが理由です。人は新しい見方や、いままでにない解決の方法を喜んで迎え入れる性質があります。こうしたことを考慮に入れて、またミッションとの関係を意識してコンセプトを定義すると次のようになります。

コンセプトとは……取り組みのための新しい実行原理

この「新しい」という形容詞は定義においては不要かもしれません。しかし、何かを創造するときには常にそれは新しいものとして立ち現れることを考えると、新しさが感じられる実行原理である方が稼働力があると考えて入れたものです。

コンセプトのことは、私の一冊目の著作『無印良品の「あれ」は決して安くないのになぜ飛ぶように売れるのか？』に詳細に書いているので興味がある方は手に取ってみてください。

バリュー values

Valueは英語の辞書であれば「価格、値段、価値、重要性」などと並んで、複数形でsをつけて使うときの意味として「価値観、価値基準」が出てきます。バリューは、後者の意味で使われることばです。海外の企業はほとんどが「values」や「core values（コアバリューズ）」の表記で使っています。

バリューは多くの企業で、スタッフが仕事に取り組むときの現実ベースの行動基準として定められています。日ごろ何かを行うときに優先すべき在り方、やり方です。バリューは次のように定義できます。

バリューとは……取り組みにおいて優先すべき価値基準

これは自社を自社たらしめている文化、社風などを維持するためのものであり、ひいてはミッションを達成し、ビジョンを実現するために無くてはならないものです。つまり、成長や目標達成がなされるための〝土壌〟の役割を果たすのが、このバリューなのです。

たとえば、Amazonには14項目の「Our Leadership Principles（アウァ・リーダーシップ・プリンシプルズ）」という全スタッフに対する行動基準があります。

そのいくつかを紹介すると……

・Customer Obsession

リーダーはカスタマーを起点に考え行動します。カスタマーから信頼を獲得し、維持していくために全力を尽くします。リーダーは競合に注意を払いますが、何よりもカスタマ

ーを中心に考えることにこだわります。

・Ownership

リーダーにはオーナーシップが必要です。リーダーは長期的な視野で考え、短期的な結果のために、長期的な価値を犠牲にしません。リーダーは自分のチームだけでなく、会社全体のために行動します。リーダーは「それは私の仕事ではありません」とは決して口にしません。

・Invent and Simplify

リーダーはチームにイノベーション（革新）とインベンション（創造）を求め、常にシンプルな方法を模索します。リーダーは状況の変化に注意を払い、あらゆるところから新しいアイディアを探しだします。それは、自分たちが生み出したものだけには限りません。私たちは新しいアイディアを実行する上で、長期間にわたり外部に誤解されうることも受け入れます。

興味がある方は、ぜひAmazonのホームページ（https://www.amazon.jobs/jp/principles）でご覧になってください。Amazonでは、すべての成果は、この「Our Leadership Principles」がなされたかを前提に評価されます。

アイデンティティ identity

もう一つ、こうした理念系のことばとして置きたいものがあります。英語ならself-definition（セルフ・ディフィニション）あるいはidentity（アイデンティティ）です。

要は「自分は何者か」を規定することばです。ここでは「正体、身元、自己同一性、独自性、個性」という意味を持つidentity（アイデンティティ）を使用します。用語としては「Corporate identity（コーポレート・アイデンティティ）」のように使用されています。

私は、このことばを学生時代に精神分析の用語として知りました。友人から〝自分が自分であることの証明〟あるいは〝自分としてあり続けている自分〟というような説明を聞いても、よく理解できなかったことを覚えています。しかしその後、この用語は一般化します。いまでは「自分のアイデンティティは……」というような会話をすることも珍しいことではなくなりましたが、私たちにとって明確な概念として定義されているかというと、そうではありません。

企業におけるアイデンティティとは何か。これもソニーを例に簡単に読み解いてみましょう。

ソニーは立ち上げ当初は「自由闊達にして愉快なる理想工場」ということばを掲げてスター

トしました。これは、ソニーが、そうであったということではなく「そうあるべき、また目指すべき姿」として捉え、事業の進捗がそういう自己認識をもたらすように努力したということです。ソニーにとって、このことばは明らかにアイデンティティとなることばです。

この自己規定を最初に行ったということは、そうした資質を当初から内側に持っていたということでもあります。企業も人も、自分に内在しないものをカタチにしていくことはできないからです。

さらに、こうしたアイデンティティを確かなものにすることが会社のためだけでなく、世の中のためにもなる。設立趣意書からは、そうした気持ちを持っていたことが明らかに読み取れます。

つまり、企業におけるアイデンティティとは、世のためになり、多くの人が受け入れる自己像なのです。

アイデンティティとは……自らの資質に基づくあるべき自己像

ほとんどのスタートアップは独自の自己規定を持っています。アイデンティティがはっきりしていることが多い。しかし、その後、発展し、さまざまな事業内容を有するようになるにつれ、自己規定は揺らぎ始めます。

ソニーは、本業であるＡＶ機器などの製造販売メーカーの顔以外に、ソニー・ピクチャーズエンタテインメントの映画、ソニーミュージックグループの音楽、ソニー銀行などの金融という幅広い業種に携わっています。ＡＶ機器、映画、音楽まではハードとソフトという概念で区分けでき、「『感動』の開拓者になる」（ソニーのビジョンより）ということばで括れますが、金融を包含することはなかなかに困難です。

ここにおいて自己規定は非常に難度の高いものになります。どうしても抽象度が高く、実感をともなわないものになるからです。巨大なシステムと化した企業のアイデンティティをどう定義するのか。これは一朝一夕《いっちょういっせき》に解けない問題です。

理念系のことばの相関図

こうして定義した理念系のことばをまとめると図12のようになります。

これらの理念系のことばの位置関係や関わりを簡単に解説します。図13をご覧ください。イラストでは、企業そのものにあたるのは弓を射る人です。

図12　「理念系のことば」の定義

用語	一言で	定義
ビジョン vision	未来像	自らが生み出しえる 最高の公共的未来像
ミッション mission	使命	自らに課した 達成すべき取り組み
コンセプト concept	実行原理	取り組みのための 新しい実行原理
バリュー values	価値基準	取り組みにおいて 優先すべき価値基準
アイデンティティ identity	自己規定	自らの資質に基づく あるべき自己像

人《企業》は、弓を射る能力と、そのための優れた道具を持っていることを自覚し、あるべき自己像《アイデンティティ》をおぼつかないながら定めます。私はこう生きるのだ、このように世の中に貢献するのだと決めます。

この人の中には、こんな世の中であってほしい、こういう未来が来てほしいという思いが渦巻いています。切れ切れに閃いて見えてくる未来を、分かりやすい一つのイメージ、魅力的な一つのフレーズにしたものが《ビジョン》です。

そして、ビジョンのために私にできること、できそうなこと、高い目標だけれど未来のためにやりたい、やらなければならないと思う取り組みである《ミッション》を定めます。この取り組みを最大限効果的に実行していくには、どんな原理原則で行えばいいのか。それが《コンセプト》です。

私の能力と資源を使って世の中の問題を解決する

図13 「理念系のことば」の相関図

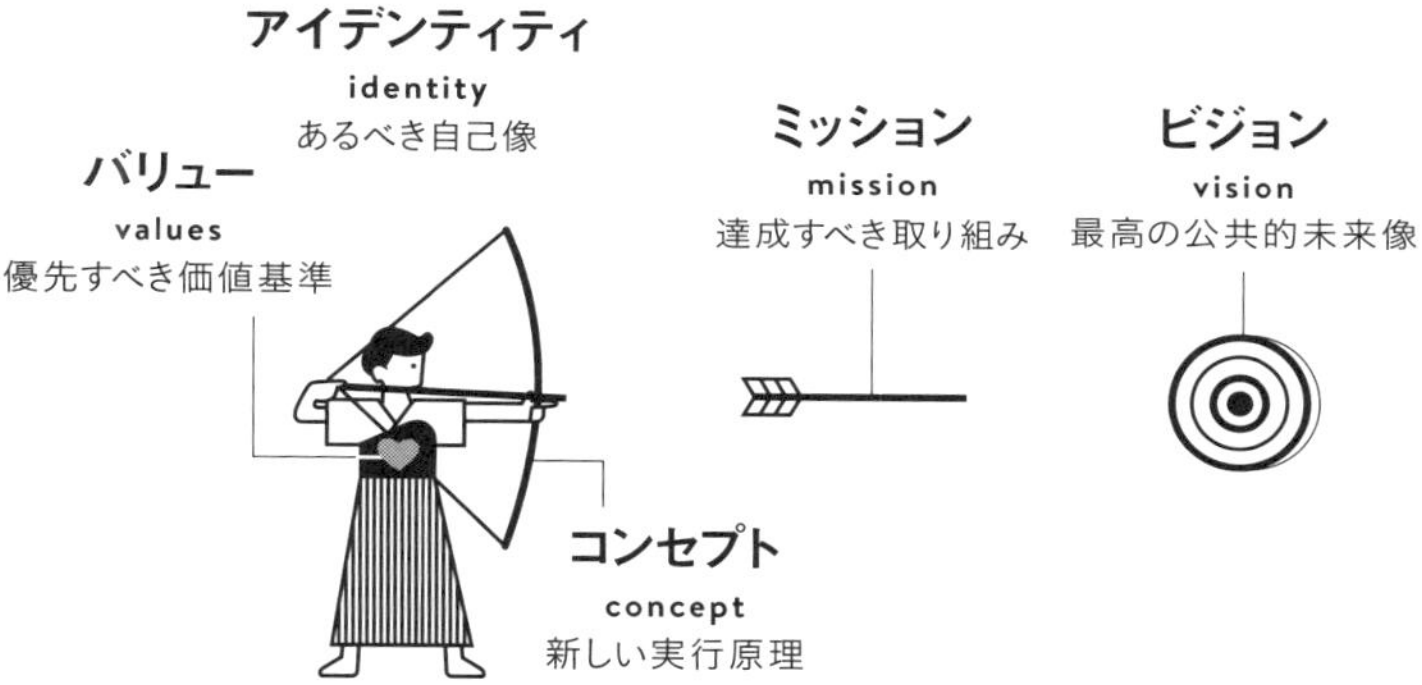

こと。そのことにより自分の力をつけ、思い描いたビジョンを実現する。その日々の行動のときに優先する価値基準が《バリュー》になります。

これら理念系のことばは、どれも重要なのですが、もっとも重要なのはアイデンティティとビジョンです。なぜなら、アイデンティティによりビジョンは生まれ、ビジョンによりアイデンティティは活性化し、成長するからです。図13はまとめると次のような文章になります。

弓を射る人というアイデンティティを持つ自分が
バリューという心構えのもと
コンセプトという強力な弓を使って
ミッションという矢を
ビジョンという的に向けて放つ

それは、私たちが思春期あるいは20代や30代のときに自分は何が好きなのか、何が得意なのかを試行錯誤しながら探り、将来的な夢を描くと同時に、世の中に自分の居場所や社会的ポジションを得ようと格闘することとまったく同じなのです。

あるべき自己像《アイデンティティ》を構想すると同時に、その自分が世の中の問題解決をし、理想とする未来《ビジョン》を招き寄せる。これらは企業活動でも、私たち個々の人生においても車の両輪のような存在だと言っても過言ではありません。

両輪が定まってくると、自らが行うべき取り組みが（たとえそれが困難な取り組みであっても）《ミッション》として明確になってきます。ミッションとはビジョンを達成するため、つまりビジョンという的を射るための矢であり、必要な武器です。そして、その矢をもっとも効果的に射るための弓が新しい切り口やアイデアを含んだ実行原理としての《コンセプト》なのです。《バリュー》は、この弓を射るときの心構えと言ってもよいでしょう。このサイクルの中で企業は成長し、ビジョンは実現へと歩みを進めます。

理念系のことばの事例

企業の理念系のことばを、いくつかの資料に当たりながら、この本での定義に沿って整理してみましょう。

Amazonなら以下のようになります。

コンセプトは、アマゾン データ サービス ジャパン株式会社・社長の長崎忠雄《ながさきただお》氏の講演「アマゾンはなぜクラウドサービスでも成功できたのか？ ジェフ・ベゾスの思考を読み解く3つのキーワード」（『logmi』より）を参考にさせていただいています。

- **ビジョン……………ジ・エブリシング・ストア**
- **ミッション…………地球上で最もお客様を大切にする企業であること**
- **コンセプト…………徹底的な顧客志向／発明と革新／長期的な視点**
- **バリュー……………全スタッフがリーダーとして行動する**
  （アウァ・リーダーシップ・プリンシプルズ）
- **アイデンティティ……地球上で最もお客様を大切にする企業**

もう一つ、事例を上げます。ユニクロを展開するファーストリテイリングです。代表取締役会長兼社長である柳井《やない》正《ただし》氏の個性が色濃く出た理念系のことばは、規模の大きな日本企業にはめずらしく意図を明解にしたもので、一つの優れた事例であると思います。ホームページなどに掲載されていた理念系のことばをまとめます。

・**ビジョン**……………（服のチカラを、社会のチカラに。※サステナビリティステートメントより）
・**ミッション**…………**服を変え、常識を変え、世界を変えていく**
・**コンセプト**…………**Life Wear**
・**バリュー**……………**お客様の立場に立脚／革新と挑戦／個の尊重、会社と個人の成長／正しさへのこだわり**
・**アイデンティティ**……**世界No.1のアパレル情報製造小売業グループ**

ファーストリテイリングには、現状、ビジョンというタイトルで書かれたものはサステナビリティステートメントと題された「服のチカラを、社会のチカラに。」ということばがあるだけです。残念ながら企業体として発信しているようなビジョンは記載されていませんでした。しかし、この「服のチカラを、社会のチカラに。」やミッションである「服を変え、常識を変え、世界を変えていく」ということばは、私が定義するビジョンに近いものです。

実際のビジョンとしては、柳井氏が掲げる「世界No.1のアパレル情報製造小売業グループ」かもしれません。ただ、これは企業目標であり、多くの人に共感される〝公共の夢〟としての要素が少なく、この本で定義しているビジョンには該当しません。

私がビジョンを感じるのは、世界中の人にとっての「究極の普段着」あるいは「服のインフラ」を提供するというLife Wearというコンセプトや、服をとりまく情報を高速でやりとりして製品として無駄なく届ける「情報製造小売業」というファーストリテイリングのアプローチそのものです。

その意味では、どのような世界を目指すのかは不明ですが「服を変え、常識を変え、世界を変えていく」はアパレル産業の中で、自社の在り方を規定し、公共的な未来を意志しているという意味で、ビジョンに近づいていることばだと言えます。

続いてのページでは、実際のビジョンづくりをひも解いていきます。

2 ビジョンを見出す

ビジョンのためのチームづくり

まず、**ビジョンを創るチーム「ビジョン創生チーム」を編成します**。

経営幹部全員の参加が理想ですが、経営企画などの部署があれば、その部署を中心に特任チームを編成してもよいでしょう。なるべく会社のいろいろな部署から発想が異なる多様なメンバーを集めた方が良いと思います。

チームは経営トップ直轄、少なくとも経営陣直属のチームにします。

同質性の高いメンバーは、現在の延長上に想定内の〝正しそうな答え〟を出すことにはたけていますが、意外性や驚きのある、つまりはインパクトのある答えにたどり着く力は少なくなります。当初のメンバー間のすり合わせや調整に多少の手間はかかっても、多様なメンバーでのビジョン作成をお勧めします。

人数はリーダーを入れて、多くても7名以内がベストです。人がチームを率いて能力を最大限発揮できる人数は7名までと聞きます。私が知るコンサルティング企業はすべてのチームを7名以下で構成しています。7名を超えて増えるなら二つに分けます。会社の組織を構成する人員は、すべて7の倍数で出来ているそうです。

できればリーダーを入れて7名で構成するようにしてください。それ以上であれば1名のリーダーの下にサブリーダー2名と2グループを置き、グループ活動を分けて考えた方が良いでしょう。

私がコンサルティングする場合も、できるだけ7名以内に絞り込んでもらいます。経験的にもそれ以上だとまとまりが悪くなり、コミュニケーションが密に取れない部分が出てきます。

複数名が原則ですが、たとえば起業準備中で自分しかいない場合は、周りに意見を聞くようにしてください。視点を一つにしないことが重要です。

チームに、こうしたビジョンなどの創作経験のある人員を外部からアドバイザーとして迎えるのも良いでしょう。社内だけだと思考が固まりがちになりますが、外部の人がひとり入るだけで思考をほぐしてくれます。同時に全体の進捗についてのアドバイスをもらったり、ファシリテートを依頼したりすることもできます。なお、チームを事務局として置き、全社員参加型でつくることも大いにあります。時間はかかりますが、全員でつくるプロセスそのものがビジョンをより効果的なものにしてくれます。

チームメンバーが固まったら、リーダーを決め、チームの名称を決めます。そして、理念系のことばの各規定をメンバーですり合わせ、目的と目標を確認します。

次にチームで、**ビジョンが出来上がるまでのステップとざっくりとしたスケジュールを作成します**。

私の経験では、ビジョンの草案ができるまでの期間は、従業員100名前後まででチームが専任で行う場合は、どんなに急いでも最低4カ月、120日前後は必要だと思ってください。これでも短いほうだと思います。企業規模が大きくなれば1年近い、あるいはそれ以上のスケジュールを組むこともあります。全員参加型であれば時間は長くなります。

企業の根幹にかかわるものですから、拙速につくることがもっともリソースを無駄にします。ビジョンは自動販売機でコーヒーを買うように簡単には手に入りません。企業のCI（コーポレート・アイデンティティ）やＶＩ（ヴィジュアル・アイデンティティ）に意外なほど時間がかかるのも、ロゴやスローガンなど、単純でごまかしがきかず何十年も使用されるものだからです。いったんつくったら簡単に建て替えられない自社ビルのようなものです。社内社外誰にとっても同じ意味合いが伝わり、発想をインスパイアし、古びないものを目指してください。

ただ、これから起業する場合は、設立目的などはっきりしていることが多く、また、Amazonを例に引くまでもなく、ビジョンありきで創業することも多いので４カ月、１年という時間にとらわれる必要はないかもしれません。

自分たちのスキルや持っているリソースを活用することを目的に起業する場合など、ビジョンなしで起業する場合も多々あります。この場合はビジョンを創業に合わせて用意しなくとも、ビジネスを組み立てながら、そして自分たちのビジネスの行く末を見つめながら、他の理念系のことばとともにつくっていっても良いでしょう。

ビジョンづくりのステップ

ビジョンづくりは次のように大きく三つのステップに分かれます。

探索ステップ

創出ステップ

・マッピング

・バリューグラフ

・言語化

定着ステップ

探索ステップは自社を取り巻く状況を俯瞰《ふかん》できるよう、さまざまなデータを取得したり、企業の歴史を振り返ったり、経営幹部へのインタビュー、いろいろな部署のスタッフ、顧客や関係者へのインタビューやアンケートを行います。創業の志、将来にわたっての事業の可能性、利益を生み出す源泉、社風やカルチャーなど、自社の企業的な本質がどこに、どのようなカタチであるのかを見定めるためのリサーチです。詳細な数字の検討などは不要です。自社のアイデンティティをチームで把握するための前作業だと考えてください。

探索ステップをベースに、創出ステップに時間をかけて取り組みます。

創出ステップは「マッピング」「バリューグラフ」「言語化」の三つの作業で出来ています。マッピングは企業を要素に分解し、客観化する作業になります。マッピングとは、要素と要素の関連づけを発見していく作業で、企業に眠るポテンシャルや方向性などを探るものです。

私が自分のクライアントのビジョンづくりや理念づくりで、必ずこれを行うのは、表面に現れないもっとも根源的な企業の思いを発見できるからです。さまざまな角度からこの作業を行うことで、ぶれない核心が発見できる。ビジョンづくり、理念づくりでは、この作業は絶対に欠かすことはできないと思います。それは3人の企業でも30万人の企業でも同じことです。

バリューグラフは、マッピングで引き出した重要な要素（ビジョンの種となるもの）の背後にある思いや願望を探り、さらに、その具体的な方法論を導き出します。ビジョンの種からちゃんと花が咲くのかを確かめる作業とも言えます。

創出ステップではどれだけ進んでも必要があれば何度も戻って作業を進めます。そしてディスカッションしながら、言語化でビジョンを生み出します。このステップに80%の時間を掛けるイメージでいてください。

最後の定着ステップは時間を掛けて全社に浸透させていくための期間と捉えてください。スタッフに対して、理解と共感ベースでの浸透を図る過程です。ビジョンづくりの工程を二つに分けるなら、定着ステップは探索ステップ、創出ステップ以上の重みを持ちます。最終的にはスタッフの行動レベル、思考にまでビジョンを落とし込むことを目指します。定着ステップは次の第6章で詳述します。

いずれにしても、ビジョンは、自分たちの出自のもっとも深い根を明らかにすることから始

図14　ビジョンが生まれる構造

めなければなりません。ゆるぎないビジョンは、図14のように、土壌に張った企業の根から強い思いが成長して初めて姿を現します。

ビジョンは、あなたの会社、あなたの事業の外にはありません。ビジョンは、自分の深い根の中から芽を出します。内側から見出《みいだ》すしかないのです。

もし、それを外に求め、お仕着せのものをビジョンとして置くなら、遅かれ早かれ、そのビジョンがダメになるか、会社がダメになるかでしょう。ビジョンを創るとは内側に光るものを見つけ、形にする行為なのです。それを頭の片隅に置いて始めてください。

探索ステップ1 創業の歴史を振り返る

企業のビジョンづくりで、必ず行ってほしいのが〝創業の志〟をひも解くことです。その企業が生まれた瞬間に戻って、誰が、どのような目的や志を抱いて立ち上げたのかを探ってください。社史などがあればそれを参照したり、OBを訪問して当時のことを聞いたりしてもよいでしょう。また取引先などでも当時を知る人がいればインタビューを行ってもよいと思います。

企業の創業当時の姿には、現在に続くその企業のDNAがはっきりと表れています。その後の歩みを見ていけば企業として「絶対に外せないこと」「変えてはいけないこと」がはっきりしてきます。

先に取り上げたPatagoniaで言えば、自然を慈しみ楽しむこと、そういうことが大好きな人たちがつくった企業であり、ブランドであるという出自はこれからも変わることはありません。Patagoniaの活動は、すべてがその延長線上にあります。経営幹部あるいは主要メンバーで、それらのことを深く認識しているからブレないものが出来上がるのです。

事実とともにエピソードや発したことばなども丁寧に拾ってください。メインストーリーではない、こうしたサイドストーリーに企業の本質を表すヒントは眠っていることが多いものです。創業当時を知る貴重な機会でもあるので、社内外に積極的なインタビューをお勧めします。インタビューは書き起こし、全員で共有するようにします。

カンパニー・ヒストリー・シート

company history sheet

創業者名
創業者プロフィール
創業の理由
創業年・資本金・本社設立場所
創業メンバー　プロフィール・写真・資料
創業のエピソード
飛躍のきっかけ
危機の克服
その他のトピックス

探索ステップ2

経営幹部インタビュー

1の「創業の歴史を振り返る」と同時に、代表取締役も含めた経営幹部全員のインタビューを行ってください。創業のリサーチと重複する内容がある場合は割愛していただいて結構です。

インタビューは一人ひとりの生まれから家族関係、幼少時代の思い出も含め、その人の自分史をヒアリングし、書きとめることからスタートします。

なぜここまで行うのかというと、組織は、5名にも満たない組織も、トヨタのような一つの街とでも呼べるような大きな組織も、経営トップや経営トップ層の考え方や体質で組織の体質が決まってしまうからです。それは仕事であらゆる業種の企業とお付き合いしてきた私の実感でもあります。誤解を恐れずに言えば、組織とは経営トップの願望を実現するために存在するとも言います。

次ページの質問に答えてもらいます。全部で15問あります。一つずつゆっくり思い出しながらで構いません。誰かをインタビュアーに仕立てて質問してもらい、それを録音していただいても構いません。ただ録音は書き起こして必ず文字化してください。

このインタビューはビジョン創生チームのメンバー同士でも全員行ってください。お互いがお互いのパーソナリティと思いを深く知ることはチームビルディングの第一歩となります。

インタビュー・シート

interview sheet

①どのようなご両親もしくは家族のもとに生まれましたか。
②家族のエピソードがあればお教えください。
③どのような子ども時代を過ごしましたか。
④何に興味を持っていましたか。
⑤どのような思春期を過ごしましたか。
⑥一番夢中になったことは何ですか。
⑦いま現在はどのように暮らしていますか。（既婚未婚、家族構成など）
⑧あなたの自己評価を教えてください。
⑨あなたが大切にしている価値観を教えてください。
⑩友人知人にどのような人だと評されますか。
⑪なぜ、この企業に入社されたのですか。
⑫自社のもっとも良い点を教えてください。
⑬自社の課題、問題点を教えてください。
⑭どのような企業でありたいですか。
⑮この企業の最大のポテンシャルは何ですか。

探索ステップ3

スタッフインタビュー&アンケート

経営幹部と同じ15項目について社内スタッフにインタビューを行います。部署はできるだけ多様な部署からピックアップするようにし、満遍なく社内の状況が分かるような人数のインタビューを行います。

私が手掛ける場合であれば各部署から2名ずつ（小規模の場合は1名）を選抜し、インタビューを行います。インタビュー内容はチーム内では詳細まで共有しますが、できるだけバイアスを取り除くため、非公開が原則です。内容はそれでも仕事内容などが入るため個人が特定されやすくなりますが、できるだけ個人特定ができないようにして共有していきます。すべてのリサーチをまとめます。創業者も含めインタビューも一つの資料にまとめておきます。

また全員参加型の場合、WEBアンケートを使って、簡易的に、自社をどう見ているのか、社員にとっての事業の未来像はどのようなものなのか。また、自社の強み弱み、課題や問題点などをクリック形式とフリーアンサー形式で集めることもできます。

無料有料どちらでも多様なサービスがあります。集計も楽でグラフ化などデータでの参照もできるので導入を検討されてもよいでしょう。

探索ステップ4

顧客および社外関係者へのインタビュー

顧客や取引先などへのインタビューもできれば行ってください。フリーアンサー形式のアンケートなら属性（年代、性別、業種）などを記載してもらい無記名で行ってもよいでしょう。簡単に行うためにアンケート専用サイトを開設し、メールでそちらに誘導してもらって回収する方が労力も少なくて良いかもしれません。次のようなことを聞いてみて下さい。

アンケート・シート
questionnaire sheet

①私たちのどんな商品、サービスが気に入っておつきあい頂いていますか。
②私たちの良さはどんなところにあると思いますか。
③私たちの弱いところを教えてください。
④私たちにとくに改善してほしいと思うことは何でしょう。
⑤私たちをあなたのお客様に紹介したいと思いますか。
⑥私たちの企業理念をご存じですか。
⑦私たちは理念や目標を目指して活動しているように見えますか。

⑧⑦は、なぜ、そう思いますか？
⑨私たちをひとことで表すならどんなことばで表現できますか。

探索ステップ5　環境を分析する

自社の現状を把握するために環境分析を行います。さまざまな分析用のフレームワークがありますので、良く仕事で使われるフレームワークがあればそれをお使いいただいて構いません。**詳細な分析より、概要や流れを把握することを優先させてください。**

「3C分析」もしくは「SWOT分析」と、外部の大きな環境に特化した「PEST分析」の併用をお勧めします。いずれも、ごく一般的な手法でご存知の方も多いと思いますが、復習の意味で簡単にまとめておきます。

図15　3C分析

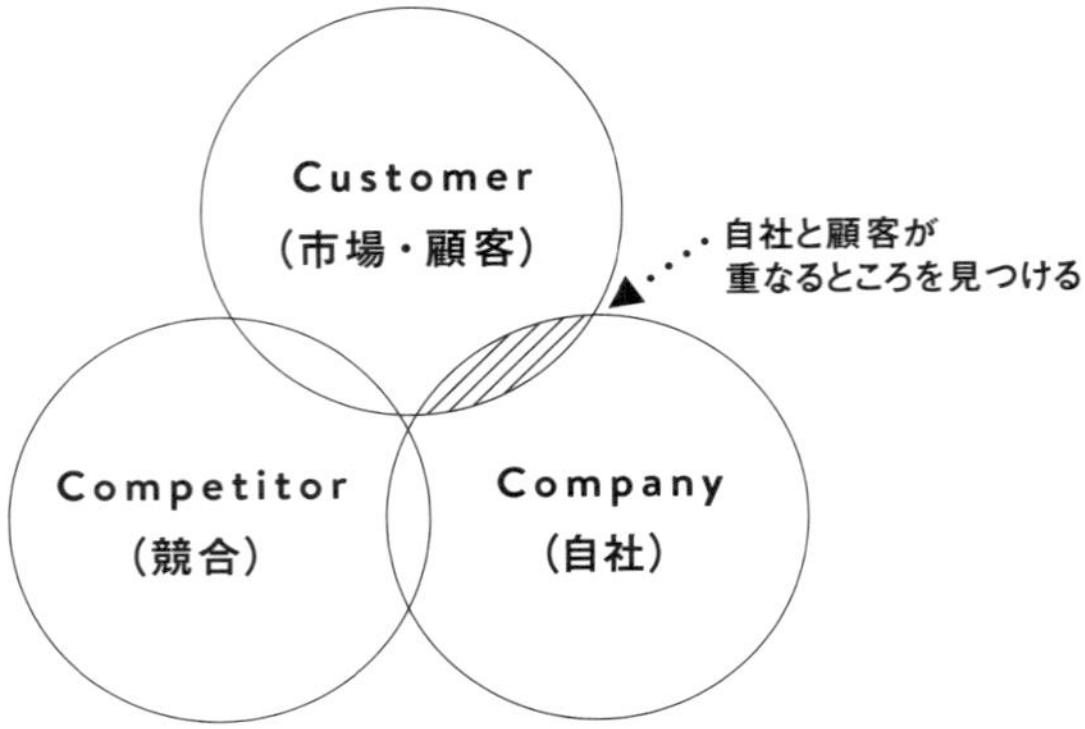

・3C分析

3Cは企業を取りまく環境を分析する手法で、環境を市場・顧客（customer）、自社（company）、競合（competitor）に分け、それぞれの特徴、強み、弱みなどを見ていきます（図15）。

顧客は市場規模や成長の度合など、市場全体の環境も含めて整理しながら、顧客の特徴や傾向、消費行動などを洗い出します。

競合は想定される市場環境の中で、どのような競合が存在し、どのような戦略を描いているのか、特徴は何か、現状はどうかを分析・整理します。マークしているライバルがいれば、該当企業を中心に分析していただいてもよいでしょう。

自社は、この2項目を前提にどのような状況にあるかを見ていきます。売上推移や成長率など定量的なものから、戦略や課題まで分析・整理します。

図16　**SWOT分析**

	ポジティブ要因	ネガティブ要因
内部環境	強み (Strengths)	弱み (Weaknesses)
外部環境	機会 (Opportunities)	脅威 (Threats)

・SWOT分析

SWOTは、現状から将来にわたってどのようなビジネスチャンスがあるかを明らかにしていく分析手法です（図16）。

企業環境を外部環境や内部環境の面から、強み（Strengths）、弱み（Weaknesses）、機会（Opportunities）、脅威（Threats）として整理します。

内部環境では強み（Strengths）と弱み（Weaknesses）、たとえば技術や資源、コスト、市場での知名度や認知率、ブランドイメージなどを見ていきます。

外部環境では機会（Opportunities）と脅威（Threats）、市場の環境や競合他社の動向、技術進化や社会の動向などを見ます。

強みと機会がポジティブ要因で、弱みと脅威がネガティブ要因になります。

図17　PEST分析

政治（Politics）	経済（Economy）
・政治の動向（政権交代など） ・国際政治の動向 ・法改正 ・税制（増税、減税など）	・景気動向（成長率など） ・物価指数 ・為替 ・世界的な経済動向
社会（Society）	**技術（Technology）**
・人口動態 ・ライフスタイルの変化、流行 ・教育 ・文化、宗教の動向	・IT技術の動向 ・新技術、画期的技術 ・特許、研究開発 ・世界的な技術動向

ただし、注意してほしいのは、できるだけ客観的に、またデータを使いながらこうした分析を行っていっても、最終的には主観的な要素は排除できないことです。したがってこうした分析は、絶対的なものとして扱うのではなく、概要という意識で使用していくと良いでしょう。

・PEST分析

最後はPEST分析（図17）です。ビジョンづくりにはとても重要だと考えます。なぜならビジョンは「自社の夢」と「公共の夢」が重なる領域に生まれるもので、それには未来を見通す作業が不可欠だからです。

PESTは、政治（Politics）、経済（Economy）、社会（Society）、技術（Technology）の頭文字を取ったも

ので、マクロ環境をもれなく把握するために行います。SWOTの「機会と脅威」を詳細に分析するものと言えばよいでしょうか。

政治（Politics）は、規制や緩和など市場や競争環境の変化に結びつく法律や法改正、税制などの変化、国内また国際政治の動向、傾向などの要因を整理します。

経済（Economy）は、業績に反映されやすい景気動向や経済成長率、為替などの動き、各種経済指標を分析・整理します。

社会（Society）は、市場環境そのものを左右させる人口動態や、高齢化などの社会的な要因、流行や世論、文化の動向などを見ます。

技術（Technology）は、できるだけ最新の動向を見ていってほしい項目です。AIやロボティクス、フィンテックなど爆発的な技術進化があちこちで起きている状況なので、世界的なトレンドと動向、自社が関わる分野のさまざまな技術的な芽をキャッチアップした上で、整理してみてください。

PEST分析で10年後、20年後といった先を見るポイントは、人口動態などのように、ほぼ予測通りに進行する事象を把握するようにすることです。そうするとその他のものの予測もしやすくなります。

また、こうしたマクロ環境分析は、日本の高度成長をかなり初期から予測していたイギリス

図18　Where do we come from? What are we? Where are we going?, by French Post-Impressionist painter Paul Gauguin 1848-1903. Oil on canvas, 139.1 x 374.6 cm, 1897-1989. Museum of Fine Arts, Boston USA.
(Photo: Leemage/UIG via Getty Images)

の経済紙「The Economist」が行うものなど定評のあるものが存在するので、そういったものを参考にするとよいでしょう。

分析はチームで行います。自社の現状を分析した資料も用意します。こうした分析をもとに自由にディスカッションしながら進めていきましょう。集めた素材、資料、書籍などはすべて次のステップのヒントになります。全員で使えるように分かりやすく整理し、クラウドに保管するなど共有しやすい状態をつくってください。

創出ステップ1　最初の問いを確認する

ここから集めた素材をもとに、自社を深く掘り下げるステップに入っていきます。自由に議論をして視野を広げていきます。ここの役目は、探索ステップで得た素材をヒントに、問いを発して、企業の自画像を描き、アイデンティティを探り、多くの個が集まった組織体が心から強く望むものは何かを探ることです。そのときに**忘れてほしくないのが「WHY」の意識**です。「なぜ？」と問う意識です。

画家のポール・ゴーギャンにタヒチ時代に描いた、ゴーギャンの代表作ともいうべき絵があります（図18）。アメリカのボストン美術館に収蔵されている、この絵のタイトルは**「我々はどこから来たのか　我々は何者か　我々はどこへ行くのか」**です。

ビジョンの持つ意味、機能、創るときに問わなければならないことは、ここに言い尽くされています。ゴーギャンが彼の中から湧き出てきた〝根源的な問い〟をタイトルにした絵は、一人の人間としての私たちにとっても、企業にとっても等しく〝根源的な問い〟です。こうした質問を「根源的質問」と呼びます。

ビジョンづくりは、この問いに向き合う過程に他なりません。

次の質問を投げかけるセッションをまずチームで行ってください。

なぜ、私たちは、この事業を行っているのか

もっとも重要な問いです。まずは、WHYなのです。この問いの答えがビジョンに直結しま

す。原点の意志を問います。

１９７０年代から80年代にかけてのロックミュージックの評論でよく使われたことばに、「初期衝動を対象化する」ということばがありました。音楽評論家の渋谷《しぶや》陽一《よういち》氏が使っていたと記憶しています。

当時のロックは、若者がやむにやまれず歌い、ギターをかき鳴らす、叫び出したいような衝動だけで出来ているような音楽でした。しかし、それだけでは音楽表現として成長することはできません。音楽を、本当に自分の表現手段とするには、心の奥深くにある最初の衝動を冷静に見つめ、自分のアイデンティティとして対象化し、使えるものとしなければいけない。それが「初期衝動を対象化する」ということでした。どんな事業にも、この本で取り上げた事例を見るまでもなく、初期衝動が存在します。

ビジョンをつくるとは、事業を始めたときから現在を経て未来までの、企業の全体像を対象化する作業です。対象化とは、それまで主観的にしか把握しえなかったものを、いったん自分の外に置き、外の世界との関係を考えながら、意味を明確にしていくことです。そのための質問が「なぜ、私たちは、この事業を行っているのか」なのです。

この質問は顧客の視点からも考えることが有効かもしれません。その場合は、顧客のエンドベネフィット、最終的な便益を考えていくことです。

トヨタは自社視点であれば自動車の製造販売会社ですが、顧客視点であれば、移動サービス

図19　1976年創業当初の“Apple First logo”

を提供する会社です。以前掲げていた「Fun to drive」という企業スローガンは自由な移動にともなう感動を提供する会社という意味を伝えています。トヨタは、今後、自動運転が普及し始めると「移動のための快適を提供するインフラ企業」になる可能性もあります。

Appleは、スティーブ・ジョブズの「A computer on every desk（すべての机の上にコンピューターを）」というビジョンを実行した会社です。これも単純な視点であれば自己規定はパーソナル・コンピューター製造販売会社です。

しかし、ジョブズは、人々の手に当時のIBMと同じような高機能のコンピューターを与えて、人々の創造力を開放することを夢みました。1991年、日本で発売当時のApple Computer,Inc.（アップルコンピュータ）のCMが「トツゼン自転車に乗れるようになった、あの感じです。」という、人とコンピューターの関係を言い表したことが象徴するように、ただの電子計算機ではなく、人をエンパワーする、活力を与える道具として捉えていました。Appleという社名にはニュートンのリンゴの次のリンゴという意味が込められていると言います。1976年の創業当初のロゴ（図19）はそのことを表しているのでしょう。そういう意味では、初期のAppleは「人間の能力を拡張する会社」だったのです。

答えは簡単に出ないでしょう。出るようであれば世の中には、素晴らしいビジョンを掲げた会社が林立しているはずですが、そのような様子はありません。皆、仕事にまぎれて忘れてしまうのです。または、その問いを自らに発したことがないか、問い続けている最中なのか、諦めてしまったか。あるいは、さほど重要ではないと思っているのです。

この問いを中心に置きながら、さまざまなディスカッションで、その答えに迫って行きます。強く意識してほしいのは、この問いを中心に置くということは、**ビジョンづくりは「企業の自己変革の始まりであり、また停滞している組織であれば再生のチャンスである」**ということです。存在意義を問い直す根源的な質問とは、そういう働きを内包した質問なのです。20文字にも満たないことばに、そんな大きな意味が込められていると想像しなかったかもしれませんが、事実です。

気をつけてほしいのは **WHAT?と最初に問わない**ことです。初めに「何を？」と問うてはいけません。**何をすべきか、何に向かって進むべきかと問うことは、自分がなぜ存在しているのかを明確に規定したあとに考えることです。**分からないままの状態で目標や目的を考えることは、すべてをあやふやにした土台の上に、未来を組み立てることに他なりません。

孫子の兵法書にあるとおり「彼を知り己を知れば百戦殆《あやう》からず。彼を知らずして己を知れば、一勝一負す。彼を知らず己を知らざれば、戦う毎に必ず殆し」(『新訂孫子』岩波書店)なのです。まずは「己を知る」状態に自分を持っていくことが、このステップです。自分を知ることが、ビジョンをつくるのみならず、すべての理念系の規定をつくりあげるときに必須のステップです。ただ、このステップで最終的な答えを出す必要はありません。ここでは〝仮説〟としておよそチームメンバーで合意できるものを出しておきましょう。

創出ステップ2 マッピング mapping

要素に分解して整理する

前項の問いに対する答えの仮説を頭に、次に自社を俯瞰する作業を行います。これはリサーチのステージで集まった素材を要素に分解して、どのように自社が成り立っているのかを一歩引いた眼で見るための作業です。ビジョンをつくるためのピースを集める作業になります。

行うことはシンプルです。インタビュー、分析などのデータからキーワードとなることば（単語か短いセンテンスに限ります）をピックアップしていきます。まずは、すべての資料を、メンバー各自が読みながらキーになることばに印をつけ、ポストイットなどの付箋紙に一枚一文で書き写します。頻出することば、気になることば、明らかなキーワードなどを抜き出していきます。抽出作業は個々で行い、書き写し以降をチーム全員でやるやり方でも構いません。

付箋紙は大きめのものにして、文字も油性マジックなどではっきり書き込むように簡単なルールを決めてください。この作業後は、全員でことばを検討しながら絞り込んでいくので、遠くから見てもハッキリ分かるように書きます。

こうした作業をPC上で行う「テキストマイニング」という手法もあります。集めたテキストデータをすべてPCに読み込ませて処理し、ことばの出現頻度や相関などを解析する手法です。WEB上で実行できる簡易的な無料サービスやフリーソフトもありますので、参考として使っても良いかもしれません（参考：ユーザーローカル提供「テキストマイニングツール」https://textmining.userlocal.jp/)。

顧客の声の分析などによく使われる手法で、精密なものは専用ソフトもしくはこうしたことを行えるところにアウトソースする必要がありますが、リサーチでアンケートなどが膨大にある場合は労力なく一気に処理できますのでお勧めです。

ことばの出現頻度などやことば同士の関係性が客観的にデータ化されるので、インタビューやアンケートなど膨大な資料の中から、自分たちが何を大切にしているのか、また、どういったことに関心があるのかがデータとして示されます。

ただ、テキストマイニングを行ったとしても、基本的には付箋紙に書き写し、デスクや壁に貼って全体を一覧できるようにします。貼るときに、似た意味合いのことばはまとめながら貼ると良いでしょう。

こうして同一の意味や要素を持つことばをグルーピングしていきます。同じようなことばが集まれば代表して一枚の付箋紙にそのことばを書きつけ、さらにピックアップされた、同じ意味だと考えられる付箋の数を小さく隅に「正」の字などで書きつけて壁に貼り、無駄なものは外しておきます。「正」の数はそのことばや考え方の重みづけ、重要性を表すものとなります(図20)。

また、誰がそのことばをピックアップしたか分かるように付箋紙の片隅にイニシャルを書く方法もあります。これは、こうした要素分解をもとに個々に意見を出し合い、議論する時に便利です。

図20　マッピングに使う付箋紙のイメージ

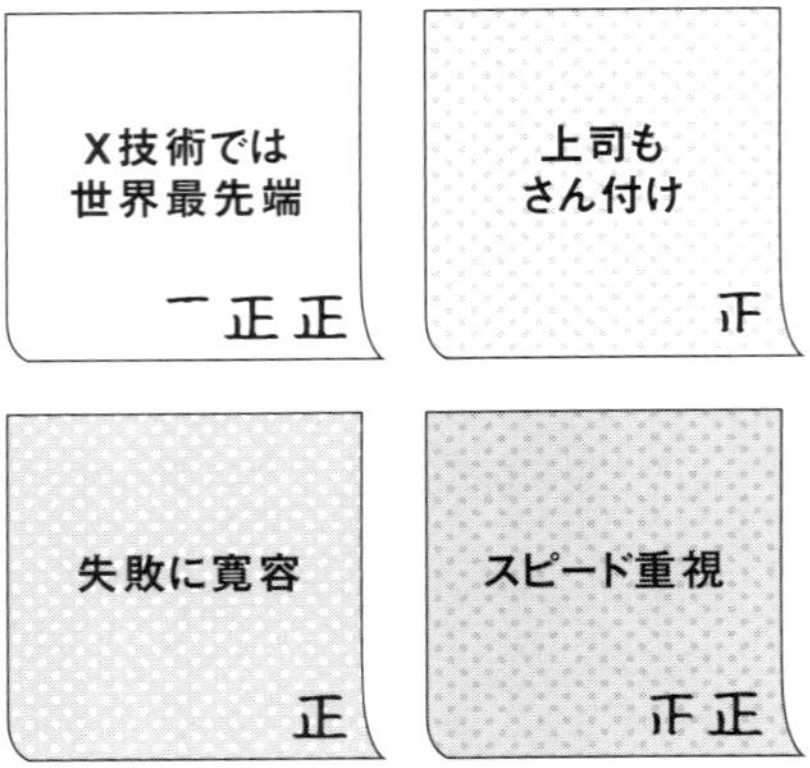

壁などに貼れる巨大なポストイット用紙があるので、それを壁に貼って付箋紙を貼る、もしくはポスター用のスチレンボードを必要枚数使って、グループ分けに使用すると展開、片づけが楽です。

もっとも良いのは、このビジョン創生チーム専用の部屋をプロジェクト期間中、用意することです。メンバーに時間があるときに、いつでも検討でき、通常の業務からの切り替えもしやすく、作業もはかどります。ぜひ、余裕があれば用意することをお勧めします。

この作業は何かを創造をするときの拡散のステージに当たります。

何か新しいもの生み出すこと、創造することは基本的にアイデアやイメージを広げて、可能性をすべてテーブルに載せていく右脳的な「拡散」と、検討材料としてテーブルに載せたものを論理的、理性的に判断して絞り込んでいく左脳的な「収束」という二つの思考からできています。

創出ステップでは、マッピング、バリューグラフ、言語化のそれぞれで、この拡散・収束の思考を行っていきます。

始まりの質問である「なぜ、私たちは、この事業を行っているのか？」という文章は大きく紙に書き、作業する部屋に貼っておくとよいでしょう。

創出ステップ3　マッピング mapping

グルーピングで意味合いを引き出す

ここからは、ＡＩのテクノロジーに特化した架空の会社ＡＢＣ社があるとして、その会社のビジョンをつくるという形で事例を示していきます。数多く出てきたことばから、以下のことば（次ページ図21 「正」の字とカラーリングは使用していません）を最終的にピックアップしたと仮定してください。おおよそ無駄なものは、もう外された状態です。

図21　付箋紙に記入した中で
最終的にピックアップされた言葉

資本主義ビジネスを オープン&フラットに	売上150億円の 早期突破	体験デザイナーの 採用
世界に10拠点の 早期拡大	運用コスト・時間を 95%劇的削減	企業のOSを アップデートできるAI
3年後の売り上げ 目標をクリア	イノベーションで 世界的な課題解決	エンターテインメント 企業用AI開発
大規模なラボつきの オフィスへの移転	子供の生活感覚を 前提に設計する	学習プロセスの改善
シリコンバレーに 拠点開設	テクノロジーの エコシステムを創る	IoTを使った健康 かかりつけAI開発
年4製品以上の リリーススピード実現	有望テクノロジーの 芽を見つける仕組み	αモデルの設計 スタート
製品の導入企業 200%増	研究開発資金の確保	社会の仕組みのため のAI開発
世界からの人材獲得	米X社との人材交流	MITとのコラボ
中国、アジア向けの 拡販施策	優秀な芽を インターンで獲得	イスラエルY社との 提携
シリコンバレー 投資家訪問ツアー	開発の手法を 方法論化する	日本に シリコンバレーを創る
政治・行政に使える AIの開発	倫理学者、哲学者、 宗教家との協業	テクノロジーが 人の喜びに奉仕する
オープンソース方式の プロジェクト立上げ	AIテクノロジー企業 世界トップ3に	自動車運転関連の 事業リサーチ
人生のOSを アップデートできるAI	ブレイクスルーの ための基礎研究着手	ブレイクスルーの 喜びを何度も味わう
人生をサポートする テクノロジーを可能に		

こうしてピックアップされたことばを一望しながら、意味合い、ジャンル、価値が近いことばをグルーピングしていきます。

グルーピングを一度したものを検討しながら、グルーピングの精度を上げていきます。意味合いやジャンル、価値の近いことばを集約させていきます。これは親和図法というやり方をベースにした方法です。次ページの図22の事例のように感覚的な判断で大丈夫なので、まずは、ざっくりと区分けしてしまいます。

この時、グルーピングの過程をスマートフォンの写真や動画で収録しておくと、あとで自分たちがどのような思考過程で、判断を行っているかを検証できます。

図22　意味合い・ジャンル・価値によるグルーピング

- 中国、アジア向けの拡販施策
- シリコンバレー投資家訪問ツアー
- 年4製品以上のリリーススピード実現
- 研究開発資金の確保
- 世界からの人材獲得

- 社会の仕組みのためのAI開発
- 政治・行政に使えるAIの開発
- 人生のOSをアップデートできるAI
- 企業のOSをアップデートできるAI

- テクノロジーが人の喜びに奉仕する
- 人生をサポートするテクノロジーを可能に

- イノベーションで世界的な課題解決
- 資本主義ビジネスをオープン&フラットに

- IoTを使った健康かかりつけAI開発
- エンターテインメント企業用AI開発

- 製品の導入企業200%増
- 運用コスト・時間を95%劇的削減
- 大規模なラボつきのオフィスへの移転
- ブレイクスルーのための基礎研究着手

- αモデルの設計スタート
- 学習プロセスの改善
- 開発の手法を方法論化する
- オープンソース方式のプロジェクト立上げ
- 自動車運転関連の事業リサーチ
- 優秀な芽をインターンで獲得
- 体験デザイナーの採用

- 米X社との人材交流
- MITとのコラボ
- イスラエルY社との提携
- シリコンバレーに拠点開設

- 売上150億円の早期突破
- 3年後の売り上げ目標をクリア
- 世界に10拠点の早期拡大
- AIテクノロジー企業世界トップ3に

- 子供の生活感覚を前提に設計する
- テクノロジーのエコシステムを創る
- 有望テクノロジーの芽を見つける仕組み
- 倫理学者、哲学者、宗教家との協業
- 日本にシリコンバレーを創る
- ブレイクスルーの喜びを何度も味わう

こうしてグルーピングしていくと、不要なことばや、一つにまとめられることばが出てくることがあります。その時は、はがすなり、まとめるなりして減らしていきます。こうしてできたグループを、それぞれ時系列に並べます。左側に実現できていること（現在）、右に行くにしたがって、まだ実現できていないこと（未来）を置きます。

そして、これらのグループは、ほとんどの場合「取り組んでいること」と、その「取り組みで得たい成果」という大きな二つのグループに分けられます。この大きなグループを上下に分け、図23のように並べてみましょう。

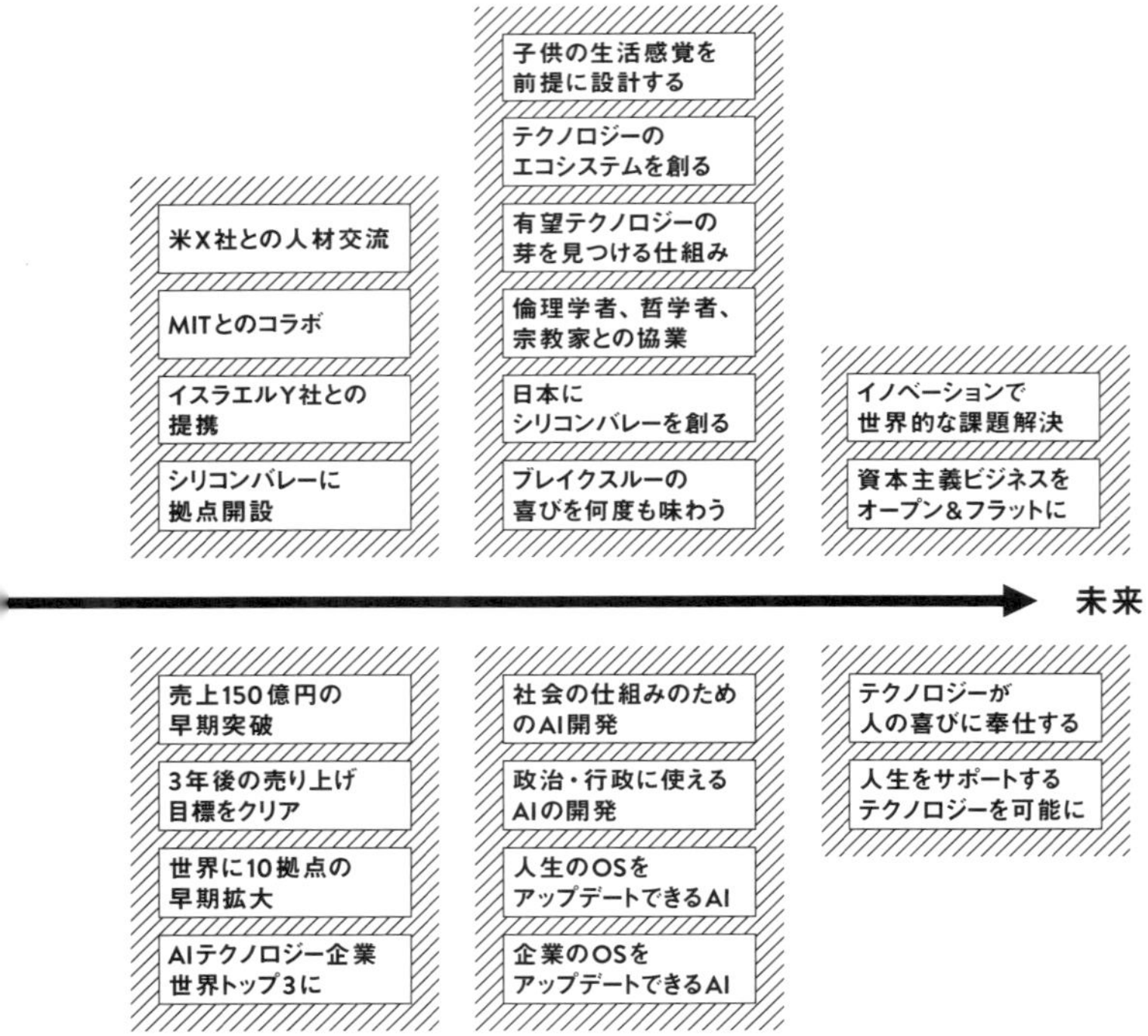
米X社との人材交流
MITとのコラボ
イスラエルY社との提携
シリコンバレーに拠点開設
子供の生活感覚を前提に設計する
テクノロジーのエコシステムを創る
有望テクノロジーの芽を見つける仕組み
倫理学者、哲学者、宗教家との協業
日本にシリコンバレーを創る
ブレイクスルーの喜びを何度も味わう
イノベーションで世界的な課題解決
資本主義ビジネスをオープン&フラットに
未来
売上150億円の早期突破
3年後の売り上げ目標をクリア
世界に10拠点の早期拡大
AIテクノロジー企業世界トップ3に
社会の仕組みのためのAI開発
政治・行政に使えるAIの開発
人生のOSをアップデートできるAI
企業のOSをアップデートできるAI
テクノロジーが人の喜びに奉仕する
人生をサポートするテクノロジーを可能に

図23　時系列の軸と「取り組み」「成果」の軸による分類

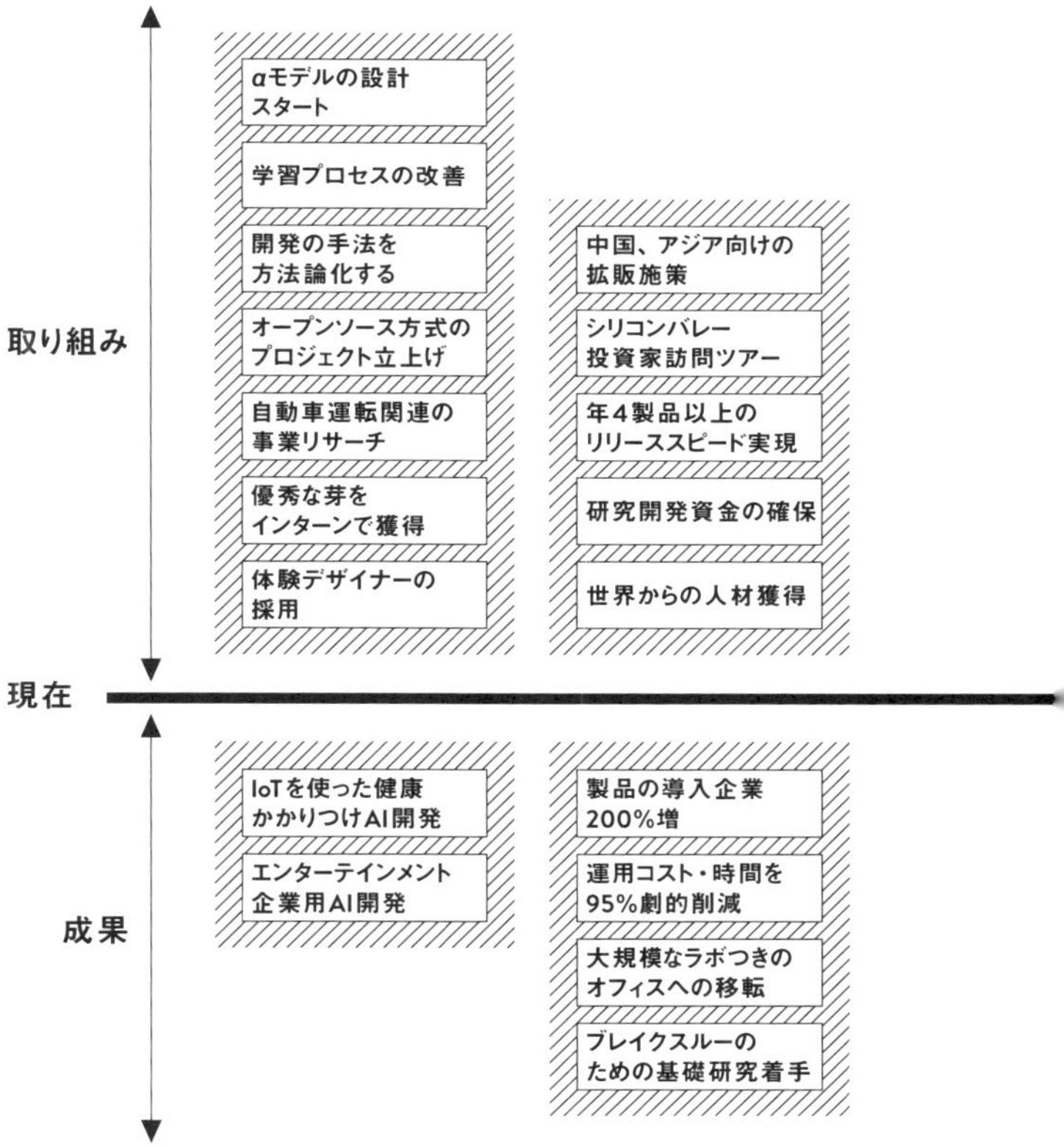

図24　それぞれのグループに名前をつける

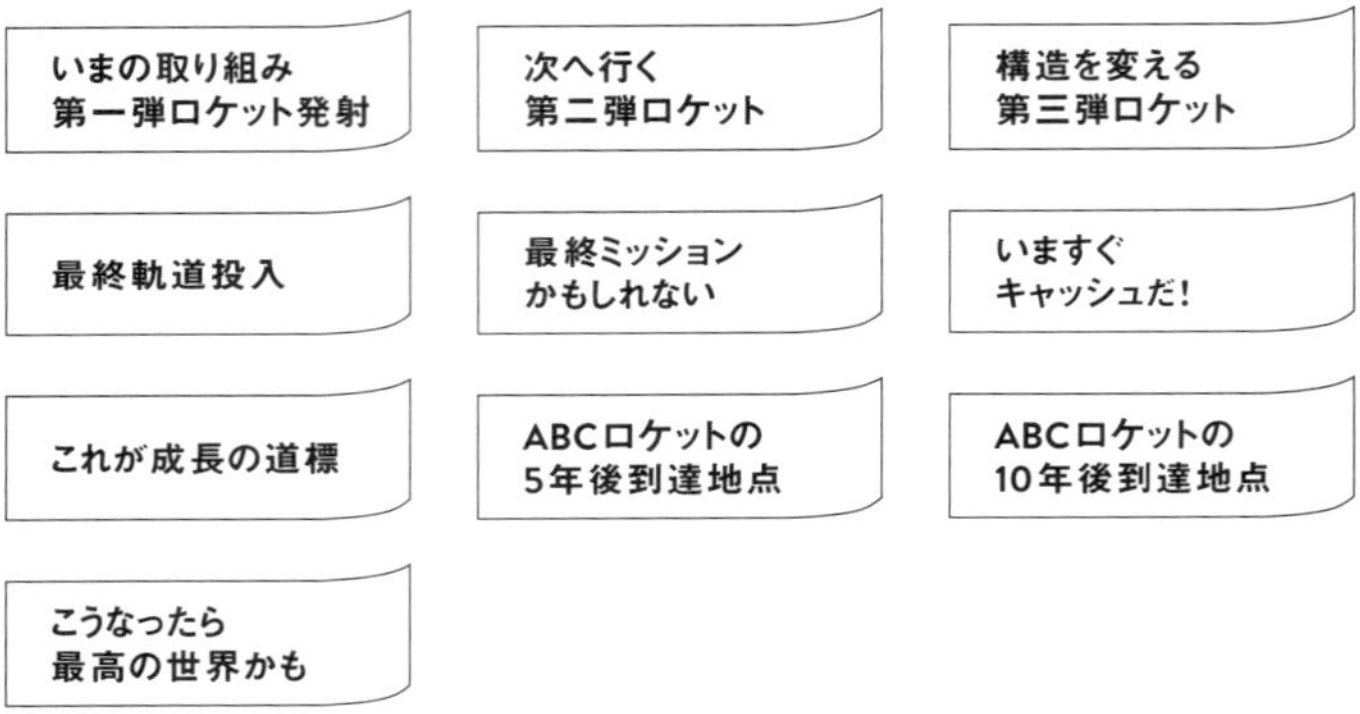

次に、それぞれのグループに名前をつけていきます。グループの意味、価値、位置づけを考えながら、自分たちにとって分かりやすいことばでグループの名前を決定します（図24）。

そして、グループの名前を貼り込み、グループ同士の関連性を矢印などで明らかにして全体の構造を視覚化していきます。すべてのことばの中で（おおよそグループに一つあるかないか）重要なものに印をつけ、その関係も、やはり矢印などを使って視覚化します。ABC社は次のようになりました（図25）。

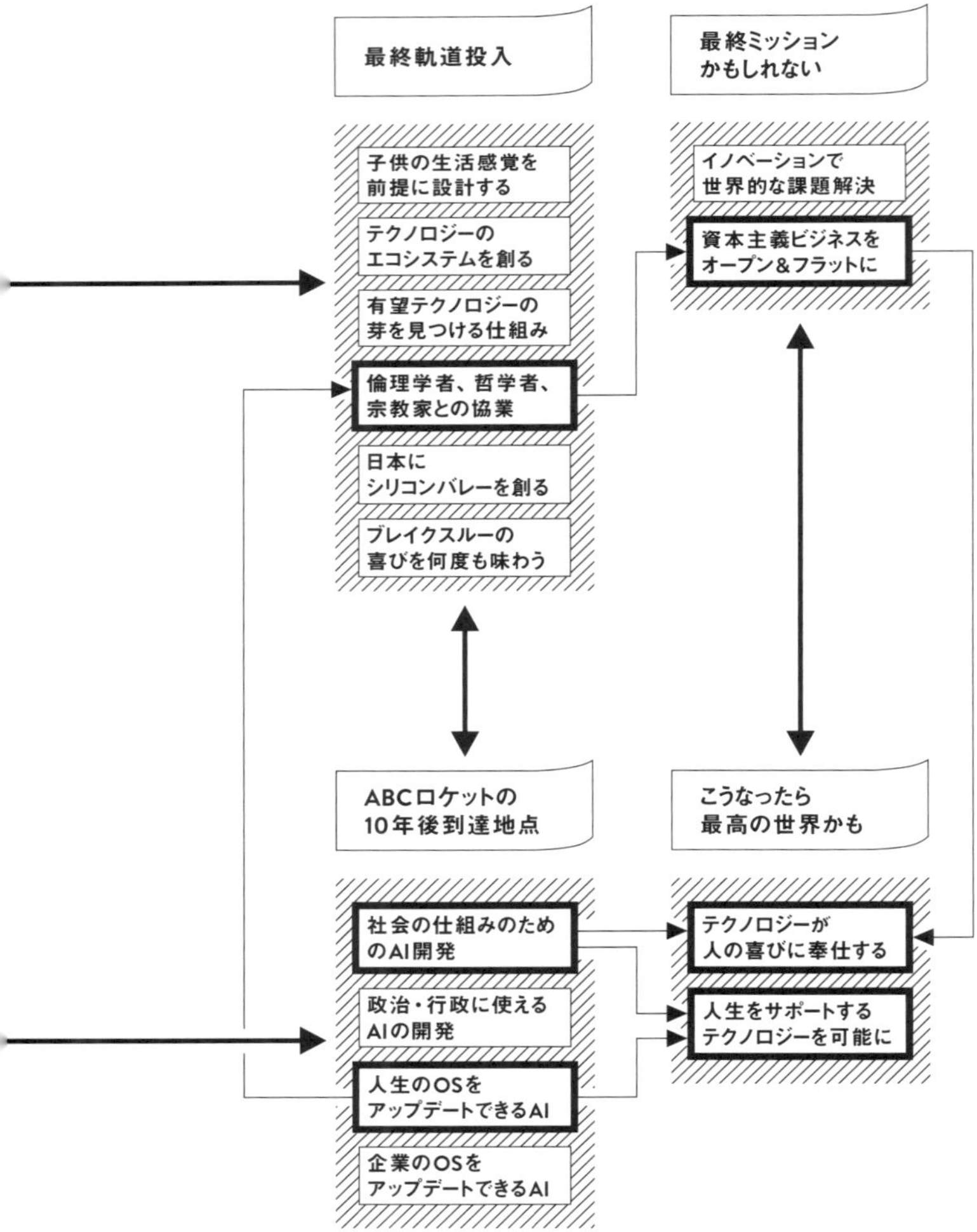
最終軌道投入
子供の生活感覚を前提に設計する
テクノロジーのエコシステムを創る
有望テクノロジーの芽を見つける仕組み
倫理学者、哲学者、宗教家との協業
日本にシリコンバレーを創る
ブレイクスルーの喜びを何度も味わう
最終ミッションかもしれない
イノベーションで世界的な課題解決
資本主義ビジネスをオープン＆フラットに
ABCロケットの10年後到達地点
社会の仕組みのためのAI開発
政治・行政に使えるAIの開発
人生のOSをアップデートできるAI
企業のOSをアップデートできるAI
こうなったら最高の世界かも
テクノロジーが人の喜びに奉仕する
人生をサポートするテクノロジーを可能に

図25　グループ同士の関連性を示して構造を視覚化

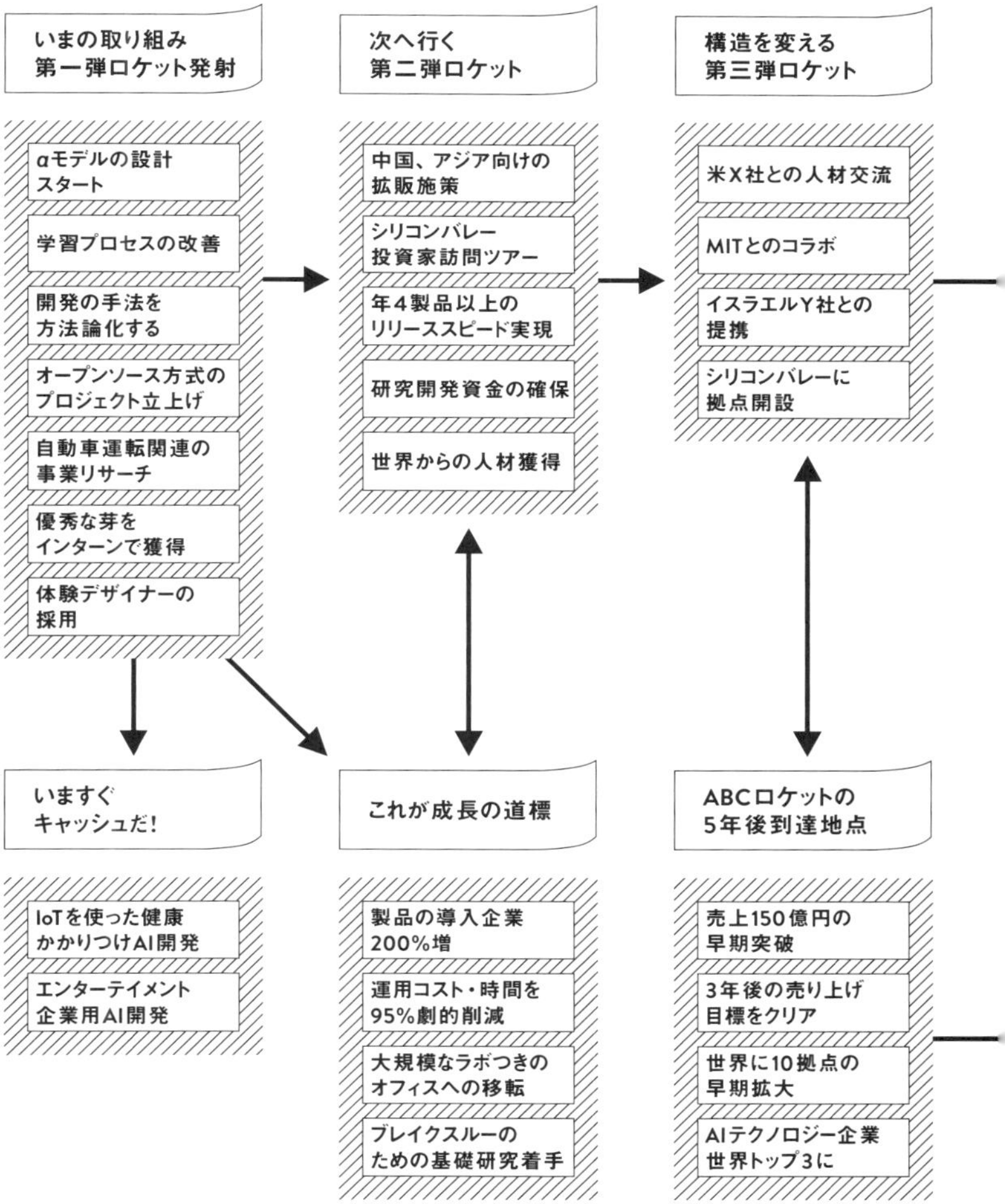

多くのことばを整理しながら、その結びつきや流れをはっきりさせていくと、企業が向かうベクトルと構造が明らかになってきます。取り組みと期待している成果を見ることで、自分たちがどこへ行こうとしているのかが明確になってきます。ビジョンが成り立つ上での見取り図のようなものが完成します。

この中でも**「公共の夢」として社会と共有できることば、気になることばに印をつけ、その代表となるキーセンテンスをピックアップします。**

ことば同士の関係が図示され、議論を重ねることで私たちＡＢＣ社は単なるテクノロジー企業ではなく、社会の変革に取り組みたい熱意を創業から持ち続けていることが明らかになってきました。

「人生をサポートするテクノロジーを可能に」「テクノロジーが人の喜びに奉仕する」「人生のＯＳをアップデートできるＡＩ」など、いまは想像もつかないけど、そうなったらいいなあと思えるキーワードが未来の方向に並んでいます。そこで、これらのすべてを結ぶことばとして「社会の仕組みのためのＡＩ開発」ということばをピックアップしました。

ここを起点に考えれば、自分たちの願望、思い、ポテンシャル、あるいは社会へのインパクトなど、そのすべてを統合できる可能性があると考えたのです。

このマッピングは、こうして企業内の価値や意志、ポテンシャル、リソースなどを一望するための俯瞰図として構成されます。そして、それらを現在から未来の意志として整理していくと、グルーピングの所々にビジョンにつながることばが出てきます。

要素を整理していくマッピングを行うだけで、ビジョンを創る大前提が整理でき、そのヒントとなることばを拾うことができるのです。

ただ、注意してほしいのは、このビジョンづくりのすべての過程には正解がないことです。グルーピングは、視点を変えれば幾通りもの切り取り方ができます。固定的に考えずに、いかにゆらぎながら考えられるかが大きな視点で未来を捉えた駆動力のあるビジョンにつながっていきます。

創出ステップ4　バリューグラフ value graph

なぜ私たちはそれをしたいのか？

マッピングには、私たちがどうしても行いたいことが書かれていました。具体性のある事柄もあれば、抽象的なこともあるでしょう。ここからは「なぜそれをしたいのか？」ということを問うていきます。

ＡＢＣ社では、最終的に「社会の仕組みのためのＡＩ開発」ということばを選びました。

では、なぜ、ＡＢＣ社は、それをしたいのか。この「なぜ」をはっきりさせるために、ここからは別のフレームを使って考えていきます。バリューグラフと言います。

バリューグラフは、システムデザインやデザイン思考でつかわれるフレームワークで「WHY?（なぜ）」と「HOW?（どうやって）」という隠れた概念を探るのに適しています。


どのように行っていくかというと、マッピングでピックアップした**キーセンテンス（ＡＢＣ社の「社会の仕組みのためのＡＩ開発」に当たるもの）を起点に、「なぜ私たちはそれをしたいのか？」という問いを繰り返して、背景や根っこにあるものを探っていきます。**図26を見てください。

「社会の仕組みのためのＡＩ開発」に、「なぜそれをしたいのか？」と問いかけて思ったことを書き出していきます。たとえばＡＢＣ社であれば「大きな課題に取り組むと大きなビジネスになるから」「世界をよりよくしたいから」「私たちにそれができる技術的なリソースがあるから」などが出てきました。こうして書き出したことに対して、さらに問いを繰り返して、図26のようにチャンク・アップさせていきます。


チャンク・アップは「chunk up」と書きます。「chunk」はかたまりという意味合いです。

図26　バリューグラフ＜チャンク・アップ＞
「なぜ私たちはそれをしたいのか」

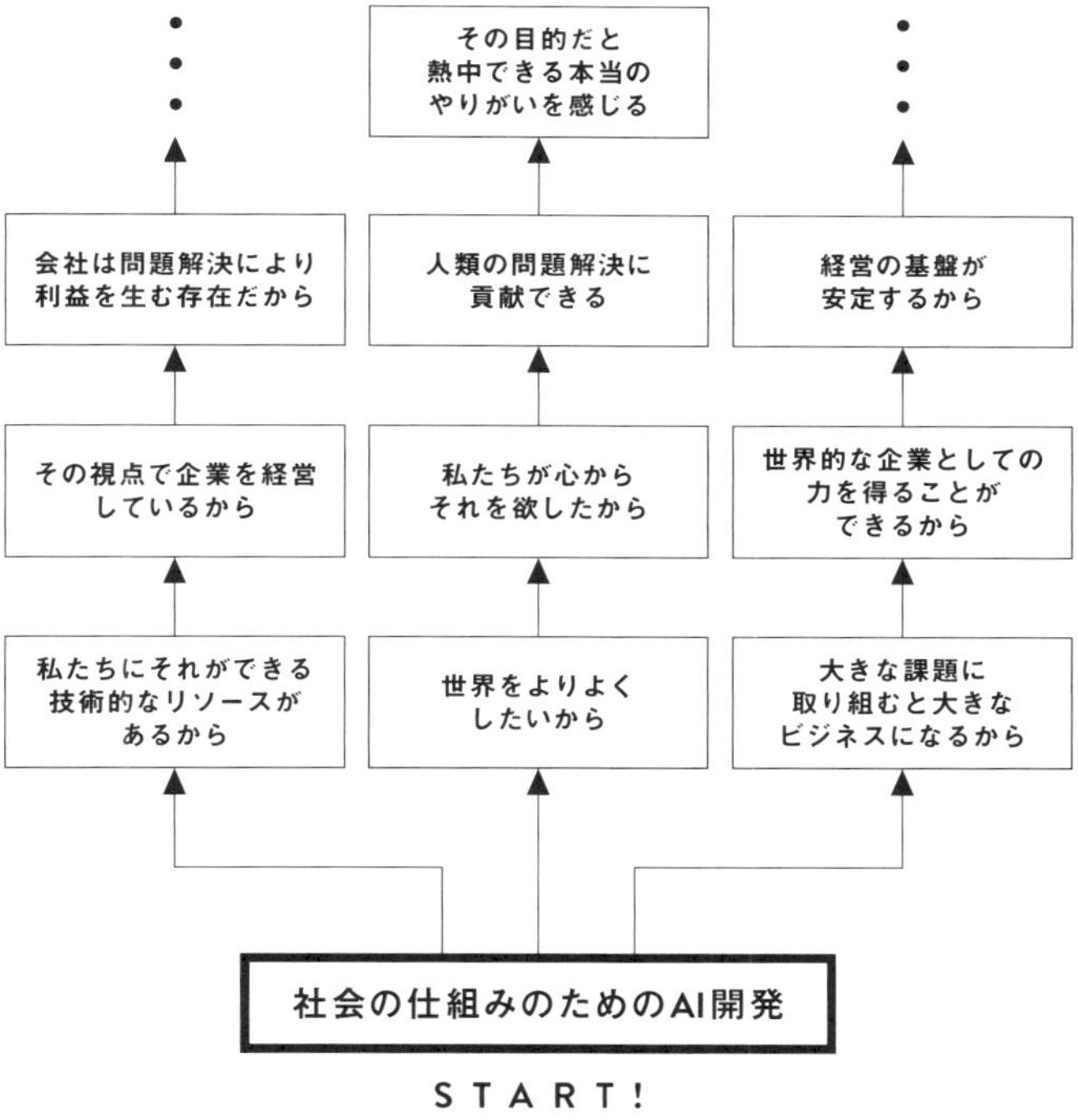

かまたりをアップさせる。つまり、その**思いの裏側にある本当の思いを探っていく作業**です。たとえば図26の中央「世界をよりよくしたいから」とあれば、「なぜ、それをしたいのか？」と問いかけて本当の思いを探っていきます。そうすると「私たちが心からをそれを欲したから」と出てきました。さらに問うていくと「その目的だと熱中できる本当のやりがいを感じる」と出てきます。さらに、それに対して問いを繰り返し、上位のものが出なくなるまで、これを続けます。

では、次に違う問いでバリューグラフを作っていきます。今度は「どうやって、それを行うのか？」と問います。こんどは上ではなく、下に伸ばしていきます。チャンク・アップではなくチャンク・ダウン（chunk down）です。最上位にある目標を実現するためには、何が必要か、より具体的な実行可能な方法や概念などを導き出していくもので、下方にグラフを伸ばします。

私は、こうしたチャンク・アップ、チャンク・ダウンは、もともと発想法や思考法を学ぶなかで知りましたが、コーチングや心理学プログラムで使われていたりもします。つまり、欲求や行動の裏側を知るのに非常に適した方法でもあるのです。

ここでは組織の、ある意味での暗黙知的な、はっきりと言語化されていない部分にスポットを当て、実現するために何が必要なのかを明確にしていく目的で使います。図27はＡＢＣ社のチャンク・ダウンの事例です。

図27　バリューグラフ＜チャンク・ダウン＞
「どうやって、それを行うのか?」

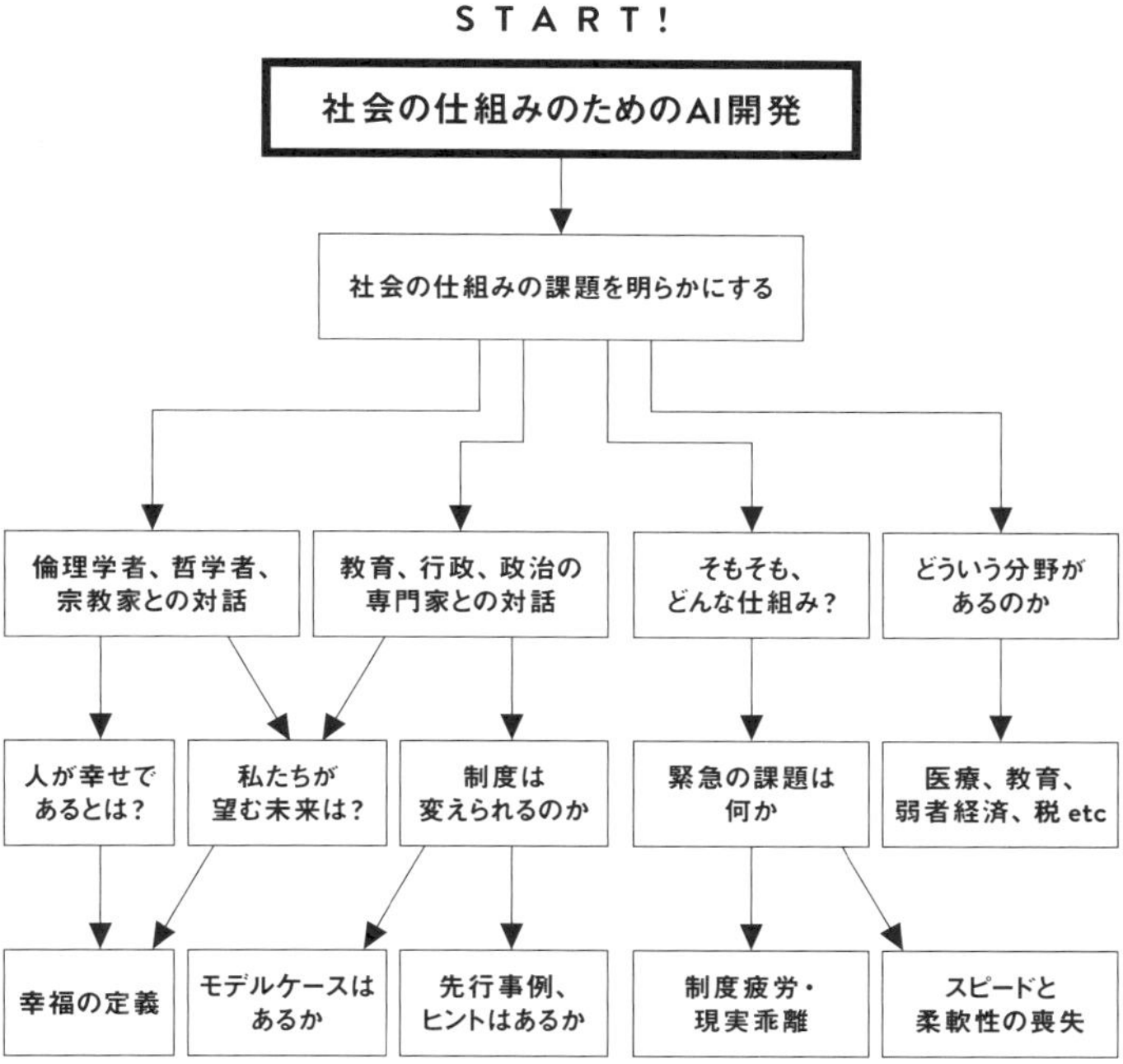

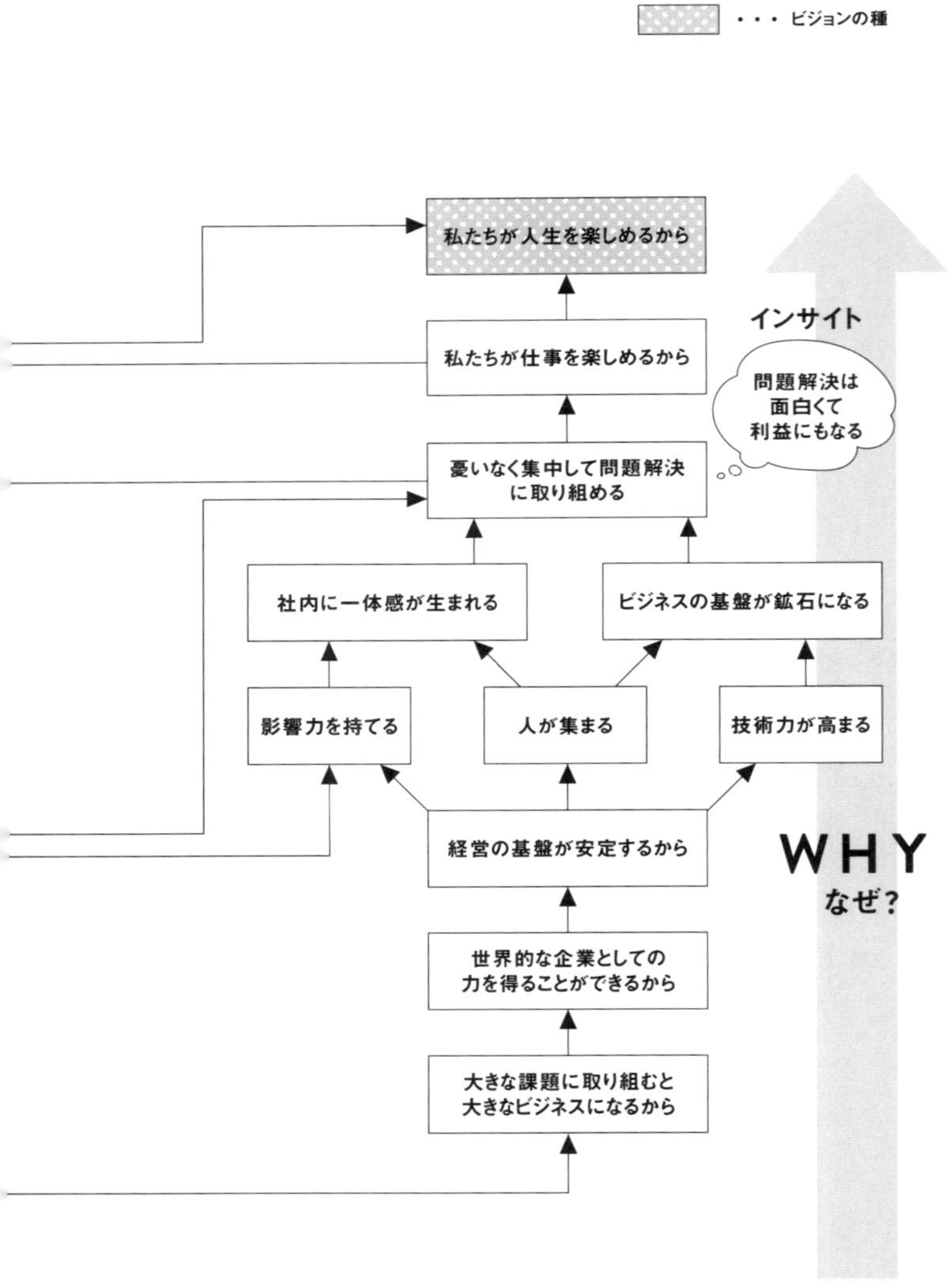

・・・ビジョンの種
私たちが人生を楽しめるから
私たちが仕事を楽しめるから
憂いなく集中して問題解決に取り組める
社内に一体感が生まれる
ビジネスの基盤が鉱石になる
影響力を持てる
人が集まる
技術力が高まる
経営の基盤が安定するから
世界的な企業としての力を得ることができるから
大きな課題に取り組むと大きなビジネスになるから
インサイト
問題解決は面白くて利益にもなる
WHY
なぜ?

図28　バリューグラフ<チャンク・アップ>
「なぜ私たちはそれをしたいのか？」の完成図

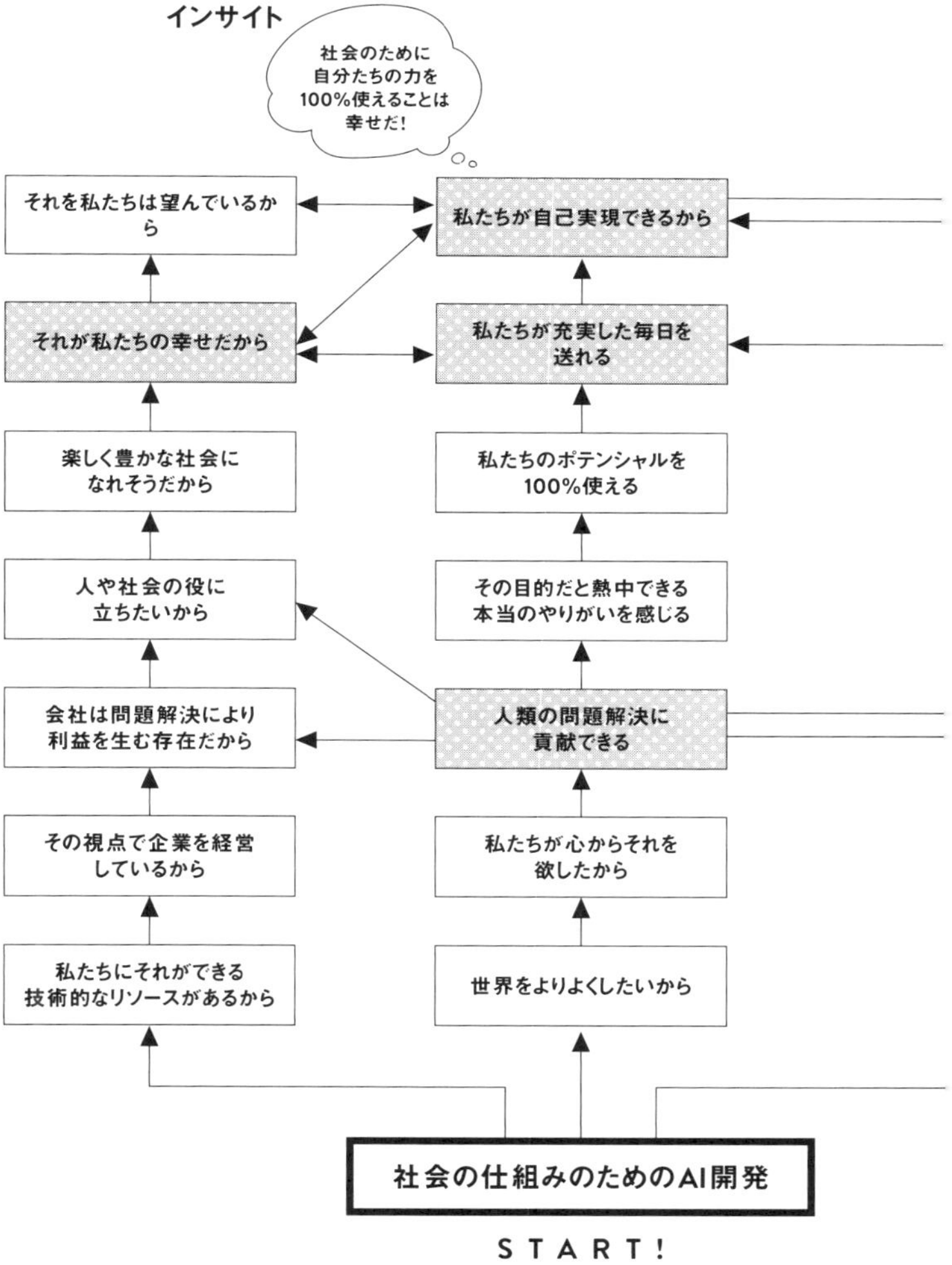

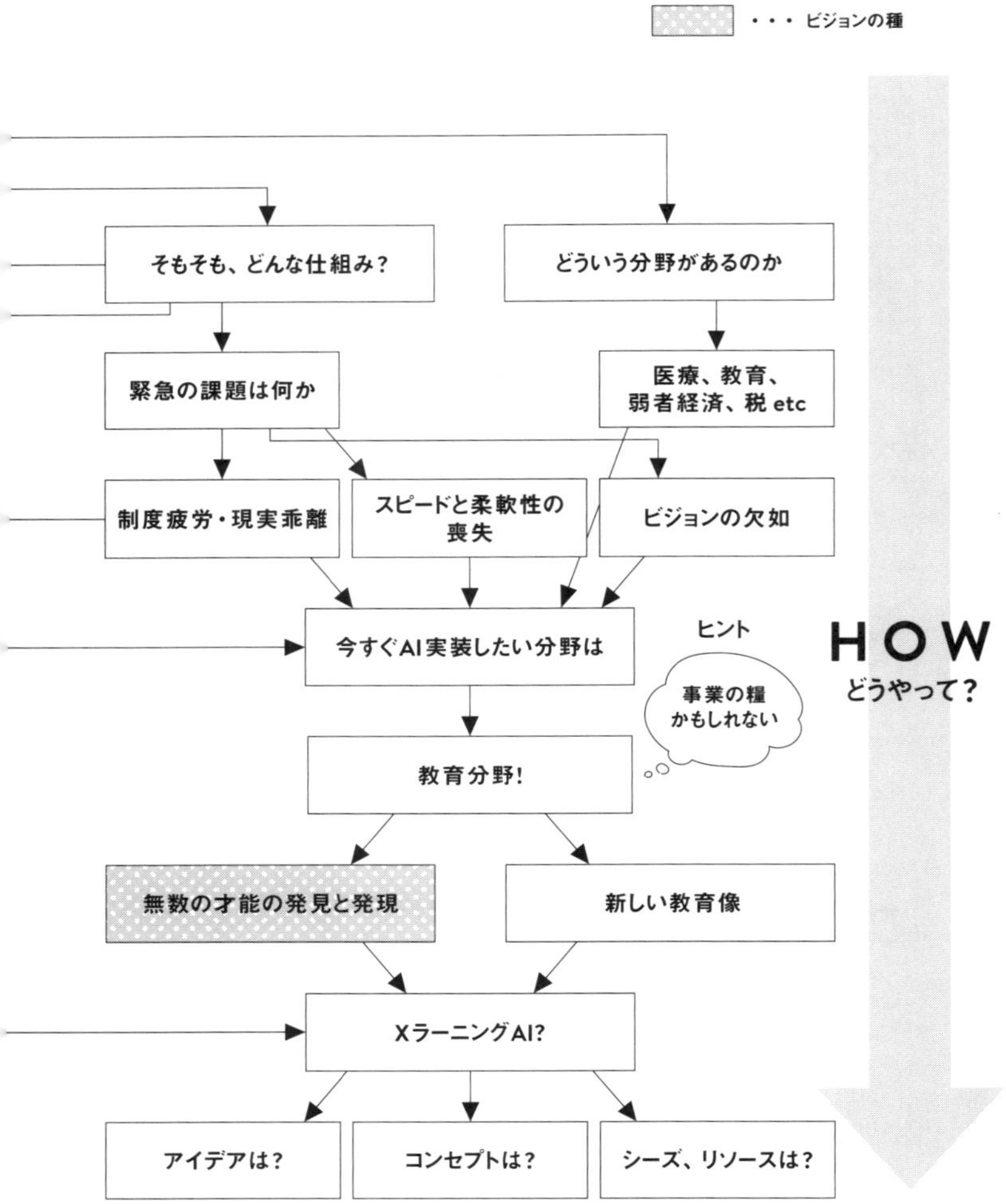
・・・ビジョンの種
そもそも、どんな仕組み?
どういう分野があるのか
緊急の課題は何か
医療、教育、
弱者経済、税 etc
制度疲労・現実乖離
スピードと柔軟性の
喪失
ビジョンの欠如
今すぐAI実装したい分野は
ヒント
事業の糧
かもしれない
教育分野!
無数の才能の発見と発現
新しい教育像
XラーニングAI?
アイデアは?
コンセプトは?
シーズ、リソースは?
HOW
どうやって?

図29 バリューグラフ<チャンク・ダウン>「どうやって、それを行うのか？」の完成図

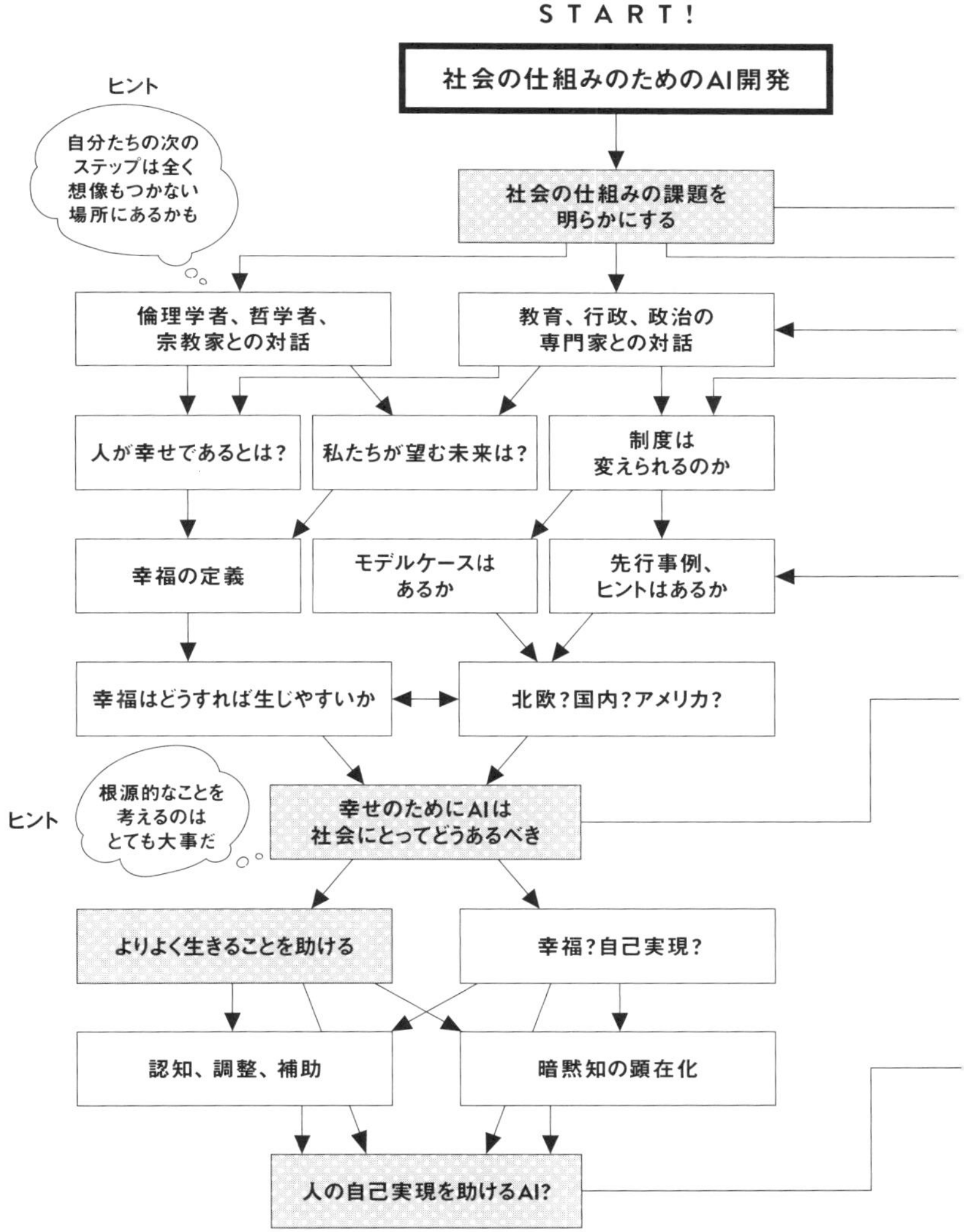

こうして、おおよそ次が出なくなるまでチャンク・アップ、チャンク・ダウンの作業を行います。

ＡＢＣ社は「社会の仕組みのためのＡＩ開発」に「なぜ私たちはそれをしたいのか？」という問いをぶつけてチャンク・アップすると、まずは図26のように一次的なメリットや欲求が現れました。

これらに対しても、同様に「なぜ私たちはそれをしたいのか？」という問いをぶつけていくと、その裏側にある欲求が現れてきます。こうして次々と繰り返し問い続けていくと、ほとんどの場合は欲求というより願いや祈りのようなものが出てきます。

たとえば、この事例で行くと最初の問いの答えとは似ても似つかない「楽しく豊かな社会になれそうだから」「私たちが人生を楽しめるから」ということばが出てきました（図28）。これは発想が飛躍したわけではなく、一つずつ真摯に問いかけていくと、ほとんどの場合はこうした概念に行きつきます。

作業を続けていくと背景にある思いのようなものが顕《あらわ》になっていきます。そして、そこにビジョンの種のようなことばが出てきます。また、隠れていた本音「インサイト」が垣間見えることがあります。これらをマーキングし、明確化します。

こうして図28や図29のように欲求や願望の背後にある、根源的な欲求（公共の夢とつながるもの）やアイデアを引き出していきます。

実際に行ってみましょう。ブレーンストーミングしながら書き込んでいきます。**思考の実験室で実験を行っているイメージで、自由に、日常の枠を超えて発想することを楽しんでください**。ビジョンづくりの工程として拡散と収束を意識するようにすれば、飛躍した考えや思いつきも大歓迎です。恐れずに進みましょう。

いずれの作業も付箋紙とホワイトボードなどを使って行うとやりやすいでしょう。ここでも作り上げる過程を写真で残すなどしておくと、のちのち議論になったときに立ち戻りやすくなります。

創出ステップ5　バリューグラフ value graph

インサイトとビジョンの種を探る

次に、バリューグラフをつくることによって現れた要素を、チームで検討します。

ビジョンの定義は**「自らが生み出しえる最高の公共的未来像」**でした。チーム内で、抽出した要素一つひとつを〝自らが生み出しえる最高の未来像〟か、〝世界が共感できる公共の未来像〟に近づける土台となりえるか、という視点でディスカッションしていきましょう。

こうした議論を行っていくと、導き出した要素の背後にいろいろな傾向や視点が隠れていることに気づきます。要は、企業の無意識層にあるものが顕になってくるのです。

258・259ページの図28はバリューグラフのチャンク・アップの完成図です。

チャンク・アップのその先には「人や社会の役に立ちたいから」「楽しく豊かな社会になれそうだから」あるいは「私たちが人生を楽しめるから」「私たちが自己実現できるから」などビジョンと関わることばが出てきます。このことばが出てくるということは、現状がそうではない、と思っており、そこに自分たちの力を使うことができると思っているということでもあります。

またこのグラフを細かく見ると、二つのラインの背後には「社会のために自分たちの力を100%使えることはとても幸せだ！」「問題解決は面白くて利益にもなる」という意識が隠れているように思えます。この意識は、ビジョンに向かうエネルギーの源泉であり、企業の推進力かもしれません。

チャンク・ダウンの場合は「どうやって、それを行うのか？」と問い、下の方に具体的な方法を書いていきます。ＡＢＣ社の場合は「社会の仕組みのためのＡＩ開発」を実際に行う場合は、どのようなことが必要なのか、問い続けます。２６０・２６１ページの図29をご覧ください。

すると、まずは「社会の仕組みの課題を明らかにする」ということばが出てきました。そして課題を明らかにするためには、ということで「そもそも、どんな仕組み？」「どういう分野があるのか」また「教育、行政、政治の専門家との対話」「倫理学者、哲学者、宗教家との対話」などの具体的な取り組みが出てきます。こうしてチャンクを下へ下へと伸ばしていくと、より具体的な「人の自己実現を助けるＡＩ」や「教育分野」「Ｘラーニングａｉ」など、実際の取り組みの起点になるようなことばが出てきます。

そして、このチャンク・ダウンのグラフにも、企業としての次のステージ、ビジョン設定後のステージの取り組みのヒントのようなものが見えたりします。

このようにしてバリューグラフで、日常の仕事からは見えてこない、高次の目標や欲求を見つめていきます。重要と目されることばも、壁の片隅に貼られたことばも、もう一度確認しながらピックアップします。

そのときの条件は根源的質問「なぜ、私たちは、この事業を行っているのか」に答えるヒントが、そのことばにあるかどうか、です。これらのキーワードを手掛かりに本格的なビジョンづくりに取り掛かります。

創出ステップ6　言語化 wording

ビジョンのキーワードをピックアップする

ここからはビジョンづくりに取り掛かりますが、重要なことを一つ伝えておくと、ビジョンづくりはアイデンティティ（自己規定）といっしょにつくっていきます。それは209ページの矢を射る人の図13で示したようにアイデンティティとビジョンは出発点と目的地の関係になっているからです。

この図30でいえば矢を射る人が居なければ、また射る的がなければ、この絵は成立しません。意志を持った行動する主体と、その主体が働きかける未来。この二つの概念を規定することがビジョンをつくることなのです。最終的にはこの二つの根源的な質問に答えるのです。**我々は何者か　我々はどこへ行くのか**。ゴーギャンの絵（232ページの図18）のタイトル通りです。

マッピングやバリューグラフから引き出したキーワードを使いながら、自社のアイデンティティとビジョンを言語化していきます。

図30　ビジョンとアイデンティティの関係

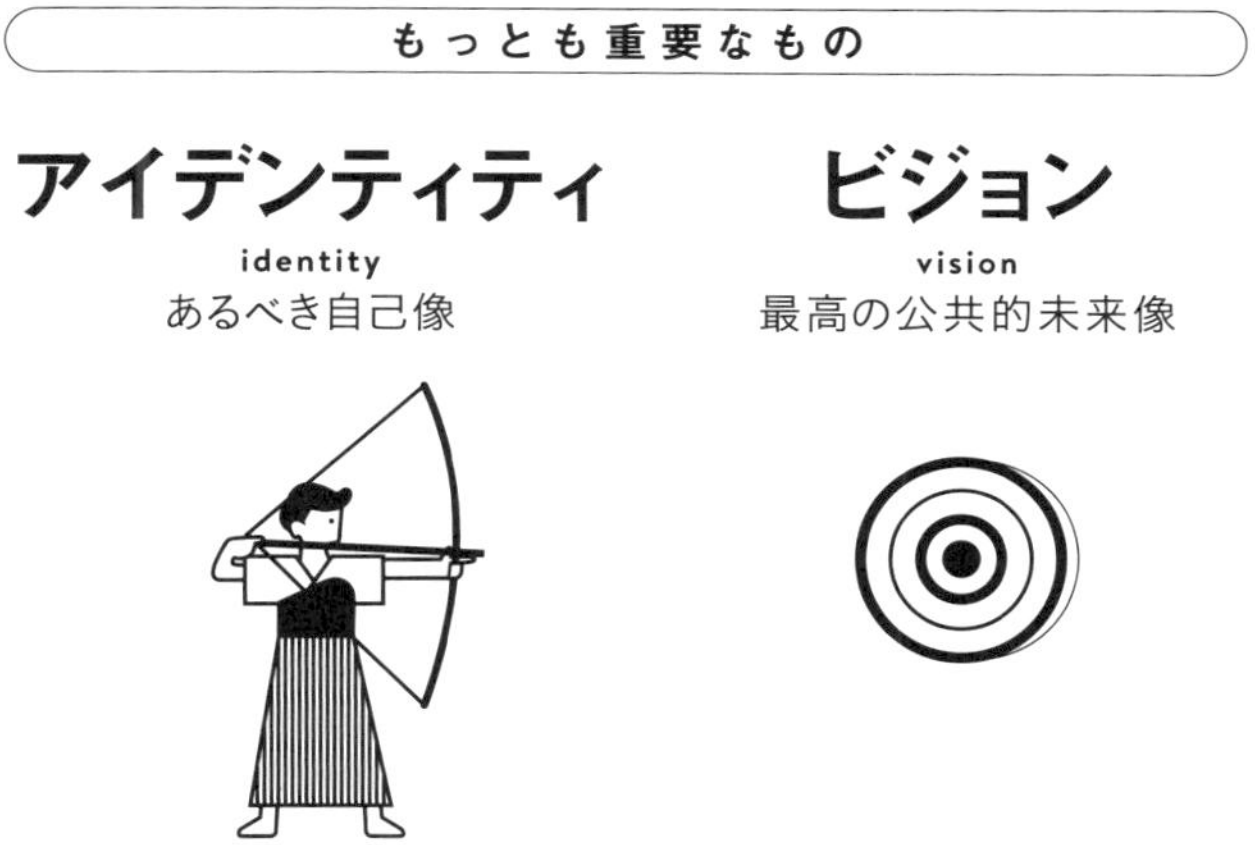

基本的には、ここで抽出されたことばが、企業の根本的な志向、思想を表すもっとも根幹となることばになります。ここに創業の志から経営陣や社員の思い、企業の存在理由が含まれています。そのため、いままでの過程を振り返り、またPEST分析などの時代の流れを加味しながら、ことばの中から重要単語をピックアップし、これらを題材にビジョンとアイデンティティ、ミッションを創ります。

次ページの図31はABC社の最終的に選んだキーワードと、そこから引き出した6単語の最終ピックアップワードです。

図31　最終的なキーワードの抽出

最終キーワード

社会の仕組みのための AI開発	人生をサポートする テクノロジーは可能か	テクノロジーが 人の喜びに奉仕する
人生のOSを アップデートできるAI	私たちが自己実現 できるから	
社会の仕組みの 課題を明らかにする	それが私たちの 幸せだから	
幸せのためにAIは 社会にとってどうあるべき	私たちが充実した 毎日を送れる	
よりよく生きることを 助ける	人の自己実現を 助けるAI?	
人類の問題解決に 貢献できる	無数の才能の 発見と発現	

インサイト

- 社会のために自分たちの力を100%使えることはとても幸せだ!
- 問題解決は面白くて利益にもなる

ヒント

- 自分たちの次のステップは全く想像もつかない場所にあるかも
- 根源的なことを考えるのはとても大事だ
- 事業の種かもしれない

↓　↓　↓

最終ピックアップワード

“自己実現”　“幸せ”　“生きる”

“AI”　“社会”　“問題解決”

次の空欄が埋まれば完成です。企業が何者であり、何を目指して活動しているかが明確化されます。

私たちは「　　　　　　　」である。

私たちは「　　　　　　」を目指している。

ビジョンは天から降るようにやみくもに生まれるわけではありません。それは、企業の創業の歴史、そこにあった思いと、現在の資質、資産、あるいは課題などと、そしてこれからの時代の潮流、この三つの要素の掛け算の上に成り立ちます。

創業の歴史・思い × **資質・資産・課題** × **時代の潮流** ＝ **ビジョン**

これらは順に、過去、現在、未来の掛け合わせでもあります。どこかだけに立脚するのではなく、企業のすべての時間軸を意識しながらつくらないと、根のない、ふわふわしたものになります。この本で書かれている手順を守るなら、ほぼこうした時間軸を外すことはありません。ただ、未来にあたる「時代の潮流」に関しては、何度も言いますが、大きな流れは分かっても、どういうステップを踏んで、いつごろそこに行くのかは誰にもわかりません。注意深く、最先端の動きをキャッチしながら把握するしかありません。

ビジョンは「なぜ、あなたはこの事業を行っているのか？」「何のためにあなたの会社はこの世に存在するのか？」という存在意義を問うことに直結していました。それはこの掛け算の三つの要素の中を貫く問いです。

企業はどのような企業も一人もしくは複数名の人間が出資・設立して初めて活動できる、私的な出自を持つ組織体ですが、どんな企業も、世の中の問題解決を担うことから利益を得ることで存続しています。

「企業は社会の公器である。したがって、企業は社会とともに発展していくのでなければならない。」という故・松下幸之助氏のことばがあるように、企業はさずかった使命を果たすためにある公共の存在という側面から、自らの存在意義を見る必要があります。

ソニーであれば「自由闊達にして愉快なる理想工場の建設」と記し、Amazonであれば地球上で最もお客様を大切にする企業としての「ジ・エブリシング・ストア」、Googleであれば「世界中の情報を整理し、世界中の人々がアクセスできて使えるようにすること」と書いた存在意義です。

こうした公共的な存在であろうとすること、つまり「みんなの幸福を考える姿勢」は、「売り手によし、買い手によし、世間によし」という近江商人の三方よしや、渋沢栄一《しぶさわえいいち》の『論語と算盤』のように、私的な利益追求は全体の幸福と一致すべきであるという、きわめて伝統的な日本のアプローチとも一致します。ビジョンは私的な領域ではなく、私的な領域と公共の領域が重なる部分に生まれる夢です。まずは、このことを前提として作成してください。

創出ステップ7 言語化 wording

ビジョンとアイデンティティを形にする

議論しながら創りあげてもよいし、各自が案を持ち寄るカタチでもよいでしょう。一度、これらのことばを織り込んだビジョンのための文章を書くと、その中に良いフレーズが入っていることがあります。慣れていない場合は、文章化してから短くする手法で行っていただいてもかまいません。

このとき、いわゆる誰でも想像できる、あるいは納得できる答えだけなく、既成の考え方や捉え方から外れたものも積極的に出していくことにトライしてください。

チームで行っているなら、全員で案出しをするようにしてください。あるいは規模にもよりますが、社員全員参加でのクリエイト集会や、社内に募集をかけてメンバーをグループに分け、一堂に会してワークショップ形式で行っても良いでしょう。

このときのコツは量です。ビジョン、アイデンティティともに、いったん量を出すようにしましょう。プロのクリエイターは基本的に量を出すことを最初に訓練させられます。なぜなら量が質を担保するからです。

キーワードをジャンプ台に発想を飛躍させるために、マインドマップのような発想を広げるツールや、SCAMPER（スキャンパー）のようなチェックリストを使ってもよいでしょう。

スキャンパーは、課題に対してsubstitute（代える）、Combine（結び付ける）、Adapt（適応させる）、Modify（修正する）、Put to other uses（他の目的に使用する）、Eliminate（除く）、Reverse/Rearrange（逆にする・並べ変える）のリストで質問をして、強制的にアイデアを生み出す方法です。

私がよく使うのは自分自身が開発に携わった、発想専用のカードです。「イノベーションカード」（@デキル。株式会社）と名付けられたカードにはシンプルな質問が、発想のステージごとに整理されて並べられていますが、この中の「概念を操作するMANIPULATE（マニュピレート）」のカードがこうした発想にはぴったりです。SCAMPERと似たものもありますが、いくつか抜き出しますので活用してみてください。

上げる　下げる
大きくする　小さくする
名前を変える
違うジャンルのものに例える
くっつける
切り分ける
極端にする
逆さまにする

こうしたツールを使いながら、スピード重視かつ量を出していきます。熟考しないでください。発想を飛躍させる拡散のステージでは、考えずに直観的に出していくのがコツです。

次のものはキーワードを織り込みながら、ABC社のビジョンのイメージ、アイデンティティのイメージを文章化したものです。また、バリューグラフのチャンク・ダウンで出てきたイメージなどを使って、ミッションも同時につくってみました。

・**ビジョン**（未来像）

私たちは、人が自分自身であることでその人らしく自らの能力で生き、幸せを見つけられる社会、つまり**どんな人も自己実現できる社会**を夢見ている。テクノロジーは、もうそのことを実現できる一歩手前まで来ている。だから、私たちは私たちの意志として、私たち自身が持つ高度なＡＩのテクノロジーを使って、その社会が一日でも早く実現できるような取り組みを行っていく。

・**アイデンティティ**（自己規定）

私たちは、私たちでアプローチできる**世界的な根本的課題を、私たちのアイデアとテクノロジーで解決したい**と考えている。その課題を解決することで人が幸せになることを目的に、私たちは日々の活動を行っている。そして、そのことに最高の充実感を覚えている。

・**ミッション**（使命）

私たちは、人々の**自己実現できる社会を創造することを目的とした、ＡＩテクノロジーを使った革新的なシステムの開発に取り組む**。そして、それを世界のさまざまな国へと広げ、人が自分自身であることでその人らしく生き、幸せを見つけられる社会を実現する。

この文章に含まれていた太字の部分に着目しながら仕上げたのが次の完成版です。

・ビジョン（未来像）

すべての人が自己実現できる社会

Just be yourself !

・アイデンティティ（自己規定）

世界の根本的課題を

新しいテクノロジーと仕組みで解決する会社

・ミッション（使命）

人が自己実現するための

AIプラットフォームを社会に実装する

最後のことばとしてのアウトプットは、そこに含まれる考え方も含めて、ことばとしてインパクトがあり、かつ平明に理解できるように作り込んでいってください。

創出ステップ8　言語化 wording

ビジョンをチェックする

完成したビジョンをチェックしていきます。

まず、最初に述べた通り、ビジョンをつくる過程は「なぜ、私たちは、この事業を行っているのか」という根源的な問いに答える過程でした。その答えとして納得いくものができたか、検証してください。そして、私たちの夢でもあり、公共の夢でもあると言えるかどうかも見ていきます。

また、この質問と対になりますが「私たちは「　　　　」である。」「私たちは「　　　　」を目指している。」の空欄に入れることばとしても矛盾なく、確信をもって発することができるものができたか、検証してください。ABC社であれば……私たちは「世界の根本的課題を新しいテクノロジーと仕組みで解決する会社」である。私たちは「すべての人が自己実現できる社会」を目指している。……となります。

ビジョンの時間的な射程は長くあるべきです。3年や5年で実現するものは、ビジョンではなく目標です。ましてやシェアNO.1や数字を入れてビジョンと称するものも時に見かけますが、残念ながら、それはビジョンとはかけ離れた、企業の願望としか表現しようのないものです。

少なくとも10〜30年以上の使用に耐えうる、時間経過による劣化が少ない普遍的な価値を盛り込んでおくべきです。キング牧師の人種差別のない世界を目指すビジョンは、昔はそうだったんだねと人々が振り返るような世界が来るまでは、(残念なことではありますが)今後数十年あるいは100年という単位で生き続けるでしょう。

Amazonの「ジ・エブリシング・ストア」「地球上で最もお客様を大切にする企業であること」も、Googleの「世界中の情報を整理し、世界中の人々がアクセスできて使えるようにすること」も今後、少なくとも半世紀は使い続けられるものになっています。ぜひ、こうした時間経過に耐えうるものを生み出してください。

また、ビジョンづくりで注意すべきは、そのビジョンに、あなたの感情、チームメンバーの感情が動くかどうかです。この本で紹介したビジョンの創り方の特長は、企業活動の背景に潜んでいる企業のビジネスとしてのポテンシャルと、そのビジネスを動かしている感情的なエネルギー、思いを引き出して一つにすることにあります。

次にビジョンやアイデンティティのチェックリストを上げます。創りあげたものが合致するかどうかの確認に使ってみてください。

チェックリスト
check list

- □〝なぜ、この事業を行っているか〟の答えとして成立している。
- □企業として社会の中での本質的な役割が表現されている。
- □私たちの夢であり、公共の夢でもある性質を持っている。
- □自分たちがそのことばに共感でき、静かな喜びを感じる。
- □他にないオリジナリティがある。
- □時間の経過に耐え、長期の使用が可能である。
- □分かりやすく、誰もが理解できる。
- □形容詞が少なく、短く、コンパクトにできている。

※名詞と動詞のみで構成されるほど意味が明解になります。

私が近年、感心することの一つに、若い世代に、どのような業種であれ、大きなビジョンを描き、経営を行っている企業が増えていることです。また、問題解決の意識、そして利益を追求すると同時に、自らの業種や分野で社会の役に立つことを目的とした企業が増えていることを日々体感します。

最近、私がビジョン策定にかかわった企業に、とあるファッション系のD2C企業があります。

D2Cとは「Direct to Consumer」の略で、簡単に言えば、自社で商品を企画・製造し、流通・販売までを一気通貫で手掛けて、顧客に届ける新しい業態です。中間業者を入れず、すべてを自社で行います。SPA（製造小売業）などのユニクロなどとよく似ていますが、大きな違いは実店舗で展開するか、オンラインで展開するかの違いです。

東京にある、設立後、数年の企業ですが、経営者は30代前半、経営の主要メンバーはほとんどが30代でした。成長の途上にあり、順調に業績を伸ばしている最中でした。しかし、設立時につくった理念が徐々に合わなくなってきたということで、もう一度それらを見直し、ブランディングの基礎を固めることにしました。

まず、経営陣一人ひとりにディープインタビューを行い、さらにステップに沿い、朝から夕方までのビジョンづくりのセッションを、3カ月半の間に東京と箱根で合計5日間ほど行い、徹底的に議論し、煮詰めていきました。

その間も、彼らは自主的に泊まりがけの合宿を持ち、未来に対して我々のビジネスはどうあるべきかの議論を行っています。また、私からの宿題もあります。通常業務に加えての作業ですので、かなりきつい3カ月半だったと思います。

ビジョンやミッションなどの理念系のことばは、こうしたセッションの工程で早めに見つかることもあれば、ぎりぎりまで見えないこともあります。ぼんやりとした「感じ」は、確かに誰の胸にもあるのに、それにフィットしたことばがなかなか見つからない状態というのがよくあるのです。

このときは後者でした。なかなか見つかりませんでした。実はファシリテートする私には、おおよそ見当はついていたのですが、本人たちにとっては、それがあまりにも当たり前で、キーワードとして取り出すことを思いつかなかったのです。

そのことばは「オープン」でした。開かれたという意味での「オープン」です。

彼らはそれぞれ有名スタートアップの出身であったり、財務やシステムのプロであったり、ファッション業界の製造、店舗開発で十分に経験を積んだメンバーです。でも、よく考えたら現状のファッション業界に満足できず、Ｄ２Ｃという新しい業態で、もっと顧客のためになり、また自分たちも満足できる在り方を懸命に探っていました。

その中で出てきたことばが「オープン」だったのです。それに彼ら自身が気づいたのは、セッションの最終日の最後の数時間でした。自分たちはファッションであれ、社会であれ、自由でオープンな仕組みを作りたいんだ、ということに彼ら自身が気づいたのです。

結果、まとまったビジョンは「だれもが自分らしいライフスタイルを自由にデザインできるオープンな社会をつくる」です。ビジョンも含め、出来上がった理念系のことばを、一人ひとりにOKかどうかを確認し、全員の承認が取れた時点ですべてが確定しました。チェックリストにも合致する素晴らしいビジョンでした。

こうして確定したことばをベースに、彼らはホームページなどの見直しを進め、さらには社名変更、ブランド名の変更まで行い、見事にブランドとしてのステージを上げています。

ブランド名はFABRIC TOKYO（ファブリック・トーキョー）。インターネット（https://fabric-tokyo.com/）で、ぜひ検索してみてください。

まだまだ、これから伸びる会社ですので、理念系の浸透はこれからだと思います。しかし、こうしてビジョンをしっかりと定めて、経営を進めている企業が増えてきていることを個人的に非常に喜ばしく思っています。

このビジョンなら共感できる、自分たちも成長できると感じるなら、それは良いビジョンだと言うことができます。ビジョンを文字にし、口に出し、心が動くのなら、完成です。次のステージに進みましょう。

第6章 *Chapter 6*

リーダーシップがビジョンを定着させる

第5章でビジョンづくりのステップで解説しなかった「定着ステップ」を単独の一章を使って解説します。つくり上げたビジョンを、どのように全社的に定着させ、また活用することで企業全体を活性化していくかについての方法をひも解きます。

定着で重要なのがリーダーシップです。リーダーシップとは人を率いることを言うのではありません。たとえば、混んだ電車から降りようとする幼児を連れた母親がいるときに「すみません！　小さいお子さんが降ります！　入口を開けてください！」と咄嗟《とっさ》に言えるような、自立した判断と、その判断に基づいた行動ができることを、リーダーシップと言います。

こうしたリーダーシップを持つ人とともにビジョンを掲げたときに、企業は想像をはるかに超える成果を得ることができます。そして、そのときのリーダーとは誰かのことではなく、あなたのことなのです。

ビジョンが定着した状態とはどんな状態なのか

ビジョンが完成したら、次はこれを組織内に定着させ、機能させていく定着のステージに入ります。ここからは、いかにビジョンを機能するものとして活用していくかをお伝えします。ビジョンの定着とは、どのような状態なのか、ビジョンが浸透した企業で考えてみましょう。

何度も記していますがAmazonは「ジ・エブリシング・ストア」「地球上で最もお客様を大切にする企業であること」を掲げています。

そして、全社員に対して「Our Leadership Principles（アウァ・リーダーシップ・プリンシプルズ）」（略称：OLP）と呼ばれる14項目の行動基準を掲げています。リーダーとは書かれていますが、全社員がそれぞれの仕事に於いてのリーダーだという視点であり、すべての社員がこの14項目に則って行動しなければなりません。

第一項は「Customer Obsession（カスタマー・オブセッション）」と名づけられたお客様に対する姿勢を説いたものです。説明文は「リーダーはカスタマーを起点に考え行動します。カスタマーから信頼を獲得し、維持していくために全力を尽くします。リーダーは競合に注意を払いますが、何よりもカスタマーを中心に考えることにこだわります。」と書かれてあります。

その他の13項目は、リーダーがどのようなスタンスで仕事をすべきかが説かれていますが、基本的には、この顧客第一を説いた「Customer Obsession」を実現するために組み立てられています。「Obsession」は「取りつかれている、妄想、強迫観念、執念」という意味のことばですが、このことばを最初に持ってきたことにAmazonのビジョン追求の本気度を感じます。

そして、全社員のすべての行動基準は「何があろうと、お客様にとって何がベストかを、いままでの常識を取り払って徹底的に考え、良いと思えば可能な限りスピーディに実現する！」ということで統一され、人事評価も昇進も、また採用も、このルールだけで判断されます。ビジョンをすべての行動原理にする。Amazonでは、風土や文化をビジョンで育むというより、それ以外の余分な要素が入り込まないように、ビジョンを土台に会社の仕組みを創り上げています。

そうして見ていくと、即日配送や1時間配送、ドローンでの配送実験、ボタン一つで届けるダッシュボタン、Amazonプライムの各種サービス、無人店舗、Amazon Echo DotなどのＡＩアシスタント、巨大な配送用倉庫、ピックアップ・ロボットまで、そのすべてが「Customer Obsession」ひいてはビジョンから生み出されていることが分かります。顧客第一を掲げた企業は無数にありますが、地球上でいちばんと言うだけあって、Amazonの徹底ぶりは突き抜けています。

ジェフ・ベゾスの存在自体が、「Customer Obsession」の権化です。いかに利益が上がろうと、お客様が不便になったり、少しでも不利益を被ったりするようなプランは、Amazonでは一切ゴーサインが出されることはありません。

それは世界を変える革新的製品を追求したAppleのスティーブ・ジョブズが、その革新性にこだわり、デザインや質感、使い勝手などすべての面で一切の妥協を許さなかったということに似ています。Apple Store（アップルストア）のドアノブを何度も何度も満足いくまで作り直させたというのは有名な話です。逆に言えば革新的でないものはApple製品ではないという、かなり高い縛りを自らに設けたとも言えます。彼が亡くなったあと、まったくの新製品が生まれることは少なくなりましたが、独自のデザイン・テイストを持った素晴らしい製品を出し続けていることに変わりはありません。

こうした状態が、企業がビジョン実現を目指すことが定着した状態です。つまり、企業のすべてがビジョン実現のためだけに稼働しているのです。

ビジョンと経営トップの関係

ビジョンで稼働している状態とは、組織の風土や文化にまでビジョンが昇華されたことを意味します。

風土、文化になるということは、日々の仕事の行動原理、行動基準となり、個々の社員の習慣化ができている状態です。そのためには長期の取り組みが必須です。

よくあるのが全社員に発表したのはいいのですが、ホームページでの掲載や、社内ポスターの掲出に留まって放置されるパターンです。せっかくつくったビジョンも、早ければ半年もたたずに紙に書いた単なるお題目になります。仏つくって魂入れずの例です。

ビジョンは創ること以上に定着が重要です。定着に時間と労力を掛けるべきなのです。

ビジョン実現に向かって進むことは、ベゾスやジョブズのように、経営トップの在り方と無縁ではありません。なぜなら、**ビジョンを掲げた経営者は、ビジョンを体現する人でなくてはならない**からです。

ただ勘違いしないでほしいのは、ベゾスやジョブズのようにカリスマ性を備えた人物だけが、ビジョンを体現するリーダーたりうるわけではないということです。

自ら創業し、世界的な会社を育てた人物だけにしか通用しない方法論であれば、本書を世に出す必要はありません。すべてのビジネス書がそうであるように、情熱と志を持って経営を行おうという経営者あるいはリーダーなら誰もが取り組め、結果が出るようにと著したのが本書です。本書で取り上げる著名な企業、経営者は、よく知られているだけに、読者の方々と事例として共有しやすい、というその一点だけで取り上げているにすぎません。「決断する」「ＰＤＣＡを回し改善する」、文字にすれば20文字にも満たない行動などは、ベゾスやジョブズに限らず、どの経営者も行っていることにすぎないのです。

たとえば架空のＡＩ企業ＡＢＣ社がビジョン「すべての人が自己実現できる社会」を掲げていても、経営者がパワハラ的な権力者としてふるまっているなら、ビジョンはあっという間に空文化します。いくら彼がビジョンを声高に叫んでも、経営者自身と矛盾していることをスタッフが見逃すはずはありません。これはビジョン実現には致命傷です。**経営者の在り方はビジョンの在り方そのものである**、と肝に銘じてください。

したがって、ＡＢＣ社の経営者は、社員の自己実現を後押しする存在でなくてはなりません。「すべての人が自己実現できる社会」をビジョンとして掲げる会社は「すべての社員の自己実現を目指す会社」でなくてはならないからです。

経営者は、必ずビジョンを体現する〝体現者〟でなくてはならないのです。

ジェフ・ベゾスが「地球上で最もお客様を大切にする企業であること」を体現してこなかったら、たぶんAmazonはこれほどの急成長を成し遂げることはできなかったでしょう。井深大と盛田昭夫のソニーが「理想工場」の工場主として存在しなかったら、世界を驚かす製品を次々に送り出すこともなかったでしょう。経営トップが、ビジョンを生きることで初めて、ただのことばであるビジョンに命が宿り、力を持ちます。

もちろん、経営者だけがリーダーであれば良いわけではありません。経営幹部、中間管理職、現場リーダーまで、それぞれがビジョンを体現するリーダーとしての自覚を持つ必要があります。さらに、前線のスタッフも一人ひとりが同様にビジョンを体現するリーダーとしてふるまえるようにすることを目指すべきです。これは巨大な組織も数名で運営する組織もまったく同じです。

リーダーのふるまいが当たり前で自然なものになったとき、ビジョンは社員の規範になり、会社の風土になり、文化になっていきます。

これが、ことばとして誕生したビジョンが、企業のもっとも大切な価値として内面化されていく過程です。この過程はリーダーの役割とリーダーシップが大きな役割を果たします。むしろ、こうしたものなしにはビジョンの実現はまったく覚束ないと言っても過言ではありません。

リーダーは奉仕者でもある

旗を立て、全員を率いていく強いリーダーとは、違ったタイプのリーダーも、ビジョンの実現には必要です。それがサーバント・リーダーです。サーバント（servant）とは召使い、使用人という意味で、サーバント・リーダーとは部下を支援したり、助けたりすることに力点を置いたリーダーのことです。

これはＡＴ＆Ｔマネジメント研究センター長を務めたロバート・Ｋ・グリーンリーフが提唱したもので、奉仕型のリーダーシップといわれています。

このタイプのリーダーも、最終目標はビジョン実現です。つまり、理念に奉仕するリーダーでもあるのです。ただ、いわゆる部下に役割、目標、指示を与えるタイプの強いリーダーとの違いは、彼らの行動が最大化するように環境づくりを行うという特徴をもつことです。それもなんとなく環境づくりを行うのではなく、明確にビジョンを実現する意図をもって行うのです。

そのためには利他心にもとづいて、部下の状況を注意深く観察し、実績を上げられるよう、側面から支援することを厭わずにやっていく必要があります。何が困難なのか、何に迷っているのか、成長を阻害しているのは何か。部下の心情を慮《おもんぱか》り、共感することも必要です。

また、部下へのメッセージは、常にビジョン中心であるべきです。ビジョンの実現に向けていかに行動していくかが大切であり、それが自分たちの成長につながることを日々説く必要があります。そして、組織の中でのビジョンへの取り組み方に強く関心を持ち、目を届かせることを自らに課さなければなりません。

それには、まず、最前線の現場情報をしっかりと把握していること。モチベーションを引き出すコーチング的な視点で部下に接すること。さらに現場でのビジョン遂行とはどうあるべきかを理解していること。この三つを重要ポイントとして自らに課してください。

強いリーダーがティーチング主体だとすると、サーバント・リーダーはコーチングで部下の成長を促します。こうして育てた集団が、成長するコミュニティとして機能し始めればベストでしょう。

この二つのリーダーの典型は織田信長と徳川家康です。ビジョンを打ち立て次々と指示を飛ばしながら行動した織田信長が強いリーダータイプであるとすれば、ビジョンはありながらもじっくりと部下の能力を引き出し、徳川幕府を打ち立てた徳川家康がサーバント・リーダーと言えるでしょう。

ただ、注意してほしいのは、これらの二つのリーダータイプは別々の人格として存在することもありますが、往々にしてリーダーに求められる二つの側面を表しているとも言えます。つまり、ビジョン経営を行っていくリーダーには、ビジョンを宣言し、自らがビジョンを体現していくことも必要とされるし、ビジョンを念頭に置きながら、支援に徹する姿勢も必要なのです。

井深大と盛田昭夫コンビのソニーや本田宗一郎と名参謀・藤沢武夫のホンダ、ウィリアム・ヒューレットとデビッド・パッカードのHewlett-Packard Company（ヒューレット・パッカード）、最近ではラリー・ペイジとセルゲイ・ブリンのGoogleなどなど、企業を育てあげた2人組はスタイルの違うリーダータイプを分担しながら行っている側面があります。

巨大な石の玉を動かすには、最初は限界に近い力が必要です。しかし、一度ぐらりと動き出し、転がり始めたら加える力は少なくなっていっても、石は転がり続けます。ただ、力の入れ加減、入れる方向を間違うと石はあらぬところへと転がっていきます。

ビジョンという巨石を動かすには強いリーダーも、サーバント・リーダーも、どちらも必要なのです。

定着のポイントは自分事化

定着は①共有　②実践　③顕在化のステップで進みます。

①の共有は、全社員がビジョンの内容を理解し、また共感を覚えている状態です。②の実践は、AmazonのOLPのように、ビジョン実現のための行動基準や仕事の仕組みが整えられ、ビジョンを目指して成果を出すことが日常になっている状態です。③の顕在化は、実践を通じて成果を上げていることが明確になり、誰の目にもビジョン実現を目指している企業として社内外で認知されている状態です。

カギになるのは、社員一人ひとりがビジョンを「自分事《じぶんごと》」として捉えることができるかどうか、です。企業のビジョンが〝自分のもの〟になるとき、強大なパワーを発揮します。ビジョン経営を実施している企業の仕組みは、まさにこの状態を目指したものです。

大きな会社ほど、その前のビジョンを創る過程に全社員あるいはたくさんの人を巻き込むことが必要となってきます。

その場合、まずは正式に全社員に向けて「新しいビジョンを創る」と宣言することです。専任チームが全社員を巻き込むステップとスケジュールを策定してください。

そして、創り込む過程で、部署ごとに全員参加のセッションデーのようなものを設け、実際にアイデアを出したり、ディスカッションを行ってもらうなど、当事者意識を持たせる施策をできるだけ実施することを心掛けてください。アンケートで声を拾い上げる、最終案を2〜3案に絞り込んでコンテスト形式で投票させる、など参加意識を高める仕掛けは工夫次第でいくつもあります。ビジョン策定専用のホームページを立ち上げて情報発信することや、社内報などで途中経過を知らせることもお勧めします。

全員がお互いの顔を見知っているような規模であれば、ピックアップメンバーあるいは経営陣が創り、その経過を定期的に報告し、その場で軽くディスカッションするだけで共有が進むこともあります。いずれにしろ「私たちがつくったビジョンだ」と思ってもらえるかどうかです。

ビジョンが一人ひとりの自分事になっていれば、この共有の過程はスムーズに進みます。

ビジョンをストーリーとして共有する

①の共有は「自分事化」の大前提となります。そのために、ビジョンをストーリー化するこ

とをお勧めします。ストーリー化とは物語として想像しやすい形にしていくことです。

ストーリー化は188ページでも紹介したキング牧師が良い事例になります。彼の人種差別のない世界のビジョンが浸透力を持ち、定着しやすいのは、彼がその世界をストーリー的に語っていることによります。


私には夢がある。それは、いつの日か、ジョージア州の赤土の丘で、かつての奴隷の息子たちとかつての奴隷所有者の息子たちが、兄弟として同じテーブルにつくという夢である。


この部分は演説の中のごく一部。大変短いフレーズですが、強烈に記憶に残るのは、赤土の丘の上の家、これまでの歴史、そして、それを乗り越えて肌の色合いが違うもの同士がテーブルで談笑する姿が鮮やかに想起されるからです。描かれていない、陽光や鳥のさえずり、吹き抜ける風、テーブルの上のコーヒーの香りまで想像してしまうようなイメージの喚起力があり、人種差別のない世界とは、どんな世界なのかを具体的に平明に説いています。

また、直接的な表現ではありませんが、赤土の赤、周りを囲んでいるであろう木々の緑、白い肌と黒い肌と、色のイメージも鮮烈にあります。

これがストーリーの力です。

私が行った事例の一つですが、とある食品系の製造販売企業から依頼されて、ビジョンの浸透に、このストーリー化の手法を使ったことがあります。

この企業は経営者の方が一代で興し、理念を非常に大切にされて経営されており、わずか30数年で、年商百数十億円を超えるまでに成長していました。経営者も含め素晴らしい会社でした。

ただ、全国に数十店舗が散らばり、特に理念を身につけてほしい、直接お客様と接するパートタイマーやアルバイトなど販売員の方に理念が伝わりにくい、また実践しにくいという悩みを抱えていました。そこで私が提案したのが、もっとも重要な理念を三つのポイントだけに絞り、物語形式の絵本にして全員に配布し、読んでもらうというアイデアでした。ビジョンを本にしてしまうのです。

採用されたアイデアに基づき、骨格になるストーリーを決め、物語をつくっていきました。基本の骨格は「販売員とお客様の行き違いと和解の物語」です。優秀なアートディレクターとイラストレーターを起用し、紙質にもこだわり、絵本風に仕上げた物語冊子が完成しました。

社内にだけ配られるこの絵本は、年に一度、全国からスタッフが集まる社の年次総会で、朗読とともに披露され、ひとり一冊ずつ配布されました。

幸い、分かりやすいと好評で、その後も理念浸透を助ける力になっています。

このようにビジョンのストーリー化は、ともすると具体的な肉付けを欠き、ことばだけが独り歩きするところを、ストーリーの力でそれぞれの「私の物語」として定着させる働きがあります。積極的にストーリー化するという手法をお使いいただきたいと思います。

冊子やサイトをつくってもよいでしょうし、イメージ動画や漫画あるいは短い小説などにするということも可能です。まず、いかに共有・共感してもらうかという視点で、ビジョンの共有を始めてください。

経営トップ自ら、現場社員とビジョンについて語り合う場を設ける企業もあります。私が過去担当したクライアントでは、全国の支店・営業所に1年ほどかけて「車座ミーティング」と題して、経営者が出向き、現場と理念や自社の未来について語り合う場を設けていた企業がありました。部署ごとやチームごとに気軽なディスカッションの機会を設けてもよいです。浸透・定着という意味で、こうした取り組みはお勧めです。また、これは経営層と現場の社員の間に認識のずれが生じないようにする効果があります。

注意してほしいのが、ビジョンが決まった背景や理由、決まるまでの過程も共有することです。こうした共有がなく、一方的に与えられたものは結局、社員にとって「上からのご託宣」であり、「自分事」として捉えてくれない可能性が高くなります。

誰でもひとりの人間として成長したいという思いを抱えています。ビジョンがその助けになることが理解できれば、人は率先して動きます。そのスイッチを押すのが、この共有のステップです。

行動基準はビジョンに向かうレール

ビジョンを中心とした経営を進めていくとき、リーダーにとって行うべきことの一つは、ビジョンを実現するための行動基準を明確にしてあげることです。

この章の冒頭で書いた「Our Leadership Principles（OLP）」をあらためて取り上げてみましょう。この14項目はビジョン実現のためにAmazonの全社員が服するものとして定められたものです。それぞれの項目は詳細な文章になっていますが、タイトルだけをピックアップしたのが次のものです。

Amazon社内でOLPと呼ばれている、この14項目は、入社時に説明を受けるほか、社内にも掲出され、またこの視点で人事評価もされます。また人材の採用基準は、このOLPを備えた人物であるかどうかを見ています。とにかくビジョン実現の重要な指針として、徹底的に、このOLPを機能させています。

AmazonのOLP
Our Leadership Principle

①Customer Obsession（顧客のことを常に考える）
②Ownership（オーナーシップ：自分事として主体性を持ち、長期的、全社的な意識で行動する）
③Invent and Simplify（優れたアイデアを探し、シンプルな方法を模索する）
④Are Right, A Lot（多くの場合において正しい判断を行う）
⑤Learn and Be Curious（常に学び、好奇心を持ち、追求する）
⑥Hire and Develop The Best（最高の人材を雇用し、育てる）
⑦Insist on the Highest Standards（常に最高の水準を追求する）
⑧Think Big（大きな視野で考える）
⑨Bias for Action（行動を優先する）
⑩Frugalit（倹約の精神）
⑪Earn Trust（信頼を獲得する）
⑫Dive Deep（すべてのレベルのことを深く掘り下げる）
⑬Have Backbone; Disagree and Commit（気骨を持つ：馴れ合わないが決めたら真摯に取り組む）
⑭Deliver Results（結果を出す）

（リスト詳細はAmazonホームページ「求める人物像　Amazonでは、全員がリーダーです。」『Our Leadership Principles』／日本語の概説は筆者）

そういう意味ではビジョン実現に向けて、スタッフの能力を極限まで引き出すためにOLPは存在します。このOLPとベゾスが描いたビジネスモデルが、車の両輪のように働いているのがAmazonなのです。

行動基準と言えば、いつもキャスト（従業員）のホスピタリティが話題になるのがディズニーランドです。運営会社であるオリエンタルランドにあるディズニーテーマパークの行動基準はSafety（安全）、Courtesy（礼儀正しさ）、Show（ショー）、Efficiency（効率）が「The Four Keys〜4つの鍵〜」と題されて並んでいます。スタッフ内では、これは重要度順に並べられ「SCSE」と呼ばれています。

これを読むとパーク内の楽しさ、快適さの一端が分かるような気がします。

Safety…………安全な場所、やすらぎを感じる空間を作りだすために、ゲストにとっても、キャストにとっても安全を最優先すること。

Courtesy………〝すべてのゲストがＶＩＰ〟との理念に基づき、言葉づかいや対応が丁寧なことはもちろん、相手の立場にたった、親しみやすく、心をこめたおもてなしをすること。

Show………あらゆるものがテーマショーという観点から考えられ、施設の点検や清掃などを行うほか、キャストも「毎日が初演」の気持ちを忘れず、ショーを演じること。

Efficiency……安全、礼儀正しさ、ショーを心がけ、さらにチームワークを発揮することで、効率を高めること。

（オリエンタルランドホームページ「ＣＳＲ情報　５つの『大事にしたいこと』　誠実なマネジメント　行動基準『The Four Keys～４つの鍵～（東京ディズニーリゾート）』より）

ビジョンとして明記されたことばはありませんが、オリエンタルランドのパーク運営・基本理念のところには「あらゆる世代の人々が一緒になって楽しむことができる〝ファミリー・エンターテイメント〟」また「『永遠に完成しない』場所」とあります。

つまり、この行動基準はスタッフにとって「あらゆる世代が安全に快適に過ごし、感動を持ち帰ってもらう場」をつくるためのマニュアルであり、「お掃除さえもエンターテイメントにするマインドセット」を植えつける重要なツールです。こうした行動基準があってこそ、ディズニーランドは全世代が非日常の喜びを満喫できる場所になっているのです。

ホテルTHE RITZ-CARLTON（ザ・リッツカールトン）の「クレド（信条）」も世間に良く知られた行動基準です。リッツカールトンでは、すべての従業員が8ページの名刺大のカードとして常時携帯しています。その中の項目の一つ、サービスバリューズに行動基準が掲げられています（302・303ページ）。

こうした事例を見るまでもなく、行先がはっきりと示され、どう行動すべきかが分かれば、経営者から現場のスタッフまで目標を達成するために動くだけです。もちろん、こうした行動基準が意識されないほど浸透するには、リーダーたちが率先垂範することが必要ですし、時間も手間もかかります。しかし、導入がうまく進めば、ビジョンという行先にレールが敷かれるような大きな効果をもたらします。

行動基準ができるということは日々の活動にルールができることを意味します。そしてビジョン実現を最大の価値とすることで、現場でのスピーディな判断が可能になります。したがって、権限はできるだけ委譲した方が経営にもよい効果をもたらします。

リッツカールトン・サービスバリューズ

私はリッツ・カールトンの一員であることを誇りに思います。

1. 私は、強い人間関係を築き、生涯のリッツ・カールトン・ゲストを獲得します。

2. 私は、お客様の願望やニーズには、言葉にされるものも、されないものも、常におこたえします。

3. 私には、ユニークな、思い出に残る、パーソナルな経験をお客様にもたらすため、エンパワーメントが与えられています。

4. 私は、「成功への要因」を達成し、ザ・リッツ・カールトン・ミスティーク(※1)を作るという自分の役割を理解します。

5. 私は、お客様のザ・リッツ・カールトンでの経験にイノベーション(革新)をもたらし、よりよいものにする機会を常に求めます。

6. 私は、お客様の問題を自分のものとして受け止め、直ちに解決します。

7. 私は、お客様や従業員同士のニーズを満たすよう、チームワークとラテラル・サービス（※2）を実践する職場環境を築きます。

8. 私には、絶えず学び、成長する機会があります。

9. 私は、自分に関係する仕事のプランニングに参画します。

10. 私は、自分のプロフェッショナルな身だしなみ、言葉づかい、ふるまいに誇りを持ちます。

11. 私は、お客様、職場の仲間、そして会社の機密情報および資産について、プライバシーとセキュリティを守ります。

12. 私には、妥協のない清潔さを保ち、安全で事故のない環境を築く責任があります。

（THE RITZ-CARLTONホームページ「企業理念『ゴールドスタンダード』」より）

※1 「ザ・リッツ・カールトン・ミスティーク」とは、リッツ・カールトン独自の、お客様自身が想像もしない、神秘性（mystique）を感じるほどのサービスという意味合いです。

※2 「ラテラル・サービス」とは、部門間や担当職を超えて横断的（lateral）に助け合うことを意味します。

ポジティブ・フィードバックで実践を加速する

行動基準は実践のステップです。現実の仕事の中で、いかにビジョンに応じたことを実行できるようにするかがテーマです。共有のステップが企業内に共通の言語を植えつけ、意識をリセットすることが目的だとしたら、この実践のステップは、ビジョンを体験させることが目的です。さまざまなチャレンジを通じて「ビジョンによる成功体験」を積ませるようにします。

そして、「ビジョンへの取り組みの推奨　→　各チームと個人での取り組み　→　成功体験の共有　→　成功体験の賞揚」というサイクルを回し、ポジティブ・フィードバックを加速させていきます。

まず、部署ごとにビジョンにどう取り組むか、自分たちの目標を設定する必要があるでしょう。

ビジョンづくりで取り上げた架空のＡＩ企業ＡＢＣ社であれば、開発部門、営業部門、サービス部門、管理部門などがあり、その下もいくつかのチームに分かれているとします。ビジョン「すべての人が自己実現できる社会」の実現を目指す場合、開発部門のやることと、営業部門のやることは当然違ってきます。

開発部門が優れたAIプラットフォームをつくる能力があるのなら、営業部門は〝自己実現〟というテーマでどの分野を開拓すべきか考えることが必要です。開拓するのを教育分野と定めるなら、開発部門と協同して、自分たちの技術的リソースを検討しながら、AIを活用して子供の教育あるいは大人のための教育分野に、革新的な進化をもたらせるアイデアを生み出さなければなりません。

管理部門はそのための財務的なバックアップや、優秀な人材の採用を行う必要があります。サービス部門であれば、お客様からの声などから次の事業のヒントを導き出せないか検討を始めた方がいいでしょう。

このように、ビジョンの取り組みを実践するといっても、部門やチームで目指すところは違ってきます。ビジョンの創出ステップで行ったチャンク・ダウンを各部署で行い、取り組みをより実行可能な具体性のあるものに変えていく必要があります。

このように、属性はまったく異なった部門間でも、それぞれの実践目標をブレイクダウンして定めることで、取り組みは加速していきます。

ABC社の取り組みの中で、たとえば脳科学を活用した画期的な学習用プラットフォームが完成し、それを導入する学校が急増し始めて、売り上げに大きな寄与をしたとします。

こうした成功事例はできるだけ早く社内報やイントラネットなどで詳細にレポートし、関係者のインタビューを載せるなど、社内共有をはかります。また、表彰制度を設けて、社長賞やビジョン大賞などの名目でチームを表彰します。

表彰制度へのエントリーはできるだけオープンで、敷居の低いものにし、自薦他薦などで参加でき、選考過程も公開し、候補を全員参加で投票するなど、参加意識、共有意識の高いものにしていくことをお勧めします。制度が整っても形だけになってしまい、熱のないものになることも多いからです。

ビジョンのためのサポート環境を整備する

新たなビジョンを導入することは、組織変革に直結します。つまり、多かれ少なかれ痛みと抵抗を伴います。人間でいえば日常生活すべてを見直し、生き方を変えることに匹敵するのです。自分にあてはめてみれば、日々繰り返してきたことを大きく見直し、新しい習慣に置き換えることが難事であることは理解できるはずです。ましてや大きな組織で行うには当然難しさが伴います。

共有が進みだしたら、次に、ビジョン実現に向けた取り組みへのサポートです。

具体的には人員、時間、資金など必要なリソースを必要な部署に適宜振り分け、実現を手助けする体制を整えるということと、やる気や意欲を引き出すためのインセンティブを用意します。

ＡＢＣ社であれば、社員の自己実現につながるような仕組みを取り入れ、社員の成長がビジネスの成長につながるような人事の仕組み、評価制度、教育制度、採用基準などを導入します。また人事評価を業績連動と、ビジョン連動に分けることも考えられます。ビジョン連動の場合は、たとえば行動基準の視点で、ビジョン実現への行動はどうであったかを、上司、同僚、本人、部下あるいは深く関係する他部署なども含め３６０度で評価するようなやり方があります。

インセンティブは、成果として直接給与やボーナスなどの賃金や昇進に反映することができますし、休暇やチームに対する報奨金などの制度で対応しても良いでしょう。

大切なのは、公平な評価基準をつくり、オープンな制度の中で運用することです。成果を出しやすい営業や開発部門だけでなく、バックヤードの管理部門も含め、全社的に平等な制度をつくりましょう。

ビジョンは経営のスピードを上げる

ビジョンを土台にした経営が浸透、定着すると、経営や日々の仕事は明らかに効率化します。経営判断もビジョンに照らし合わせれば済むからです。

これはビジョン経営の大きな、大きなメリットです。

数字や効率のみを見て経営する以上に（もちろん営利企業にとって売り上げや利益などの数値は重要だということが前提です）、**判断基準が明確で迷いが少ないので、スピードが上がる**のです。これはAmazonの驚異的な経営スピードを見れば明らかです。

また、世界企業になるほど、多様な場所に、多様な人種、キャリアの人々が集うことになります。最近では小さなＩＴ系企業でも、こうしたさまざまな文化的背景を持つ多国籍な人材を抱えるところが多くなりましたが、関わる人々をまとめ、一つの方向に動かしていくには明確なビジョンを掲げて、行動の価値基準を示すことが、もっとも効果的かつ効率的です。

シリコンバレーの企業経営における決断の速さは、必要に迫られてやっている側面もありますが、やはり射程を長くとってビジョンを描き、そのビジョン実現のために、日々のビジネスを行っている部分が大きいからだと感じます。

そして、こうしたビジョンを中心にした経営を続けていくと、社員の仕事が効率化します。なぜなら、社員誰もがビジョンをすべての判断基準にすればよいからです。また、現場で判断できるため、上司に判断を仰ぐというムダも大いに減ることでしょう。

つまり、ビジョンは組織に自律性を植えつけます。結果、安心して権限を委任し、任される人、任される組織に変化していきます。

ビジョンを掲げた場合、そのビジョンに同意できない人、そのビジョンを実現しようとする組織に合わない人々はどうなるのでしょう。こういう人は自然にはじかれていきます。つまり、辞めていきます。

同じバスに乗って、ビジョンが指し示す場所に喜んで行くのか、それとも途中で降りたくなるのか。**ビジョンによって自律的な組織になればなるほど、依存的あるいは官僚的な人はついていけなくなります**。組織の成長に従って、ついていけなくなる人も出てくるでしょう。その会社に残る場合はビジョンに応じた行動をとらざるを得なくなるし、そうでない場合は辞めるようになります。

ビジョンを自分の成長に重ね合わせられる人にとっては心地よい組織になるし、他人事《ひとごと》と感じる人にとっては居心地が悪い場所になります。結果、**ビジョン経営は、人材のスクリーニング機能も果たす**ことになります。

この状態を目指すことが本当の意味でのビジョンの定着です。

ビジョンの定着度をチェックする

ビジョンがどれくらい定着しているか簡単に分かる方法があります。それは日常の会話にどれくらいビジョンに関することばが出てくるか、です。企業には、その企業の風土・カルチャーに応じて独特のことば使いがあります。こうした〝仲間内ことば〟にビジョン関係のことばが日々混じるようになってきたら、定着が進んできたと考えてよいでしょう。

アンケートで調査する方法もあります。左に載せたものは、私が開発に関わっている「イノベーションサーベイ」（@デキル。株式会社）という調査項目の、ビジョンに関するアンケート項目ですが、こうしたアンケートをＷＥＢ上で行っても良いでしょう。

アンケート・シート

questionnaire sheet

Q1　わが社のビジョンについてのリーダーの発言を、わたしは明確に理解している

①かなりそう思う　②そう思う　③少しそう思う

④あまりそう思わない　⑤ほとんどそう思わない　⑥わからない

Q2　わが社のビジョンは、わたしたち社員が協力して成し遂げることができるものだ

①かなりそう思う　②そう思う　③少しそう思う

④あまりそう思わない　⑤ほとんどそう思わない　⑥わからない

Q3　わが社のビジョンは製品やサービスを革新する上で助けになっている

①かなりそう思う　②そう思う　③少しそう思う

④あまりそう思わない　⑤ほとんどそう思わない　⑥わからない

Q4　わが社のビジョンは社内のチームのまとまりをよくし、活動的にするのにとても役立っている

①かなりそう思う　②そう思う　③少しそう思う
④あまりそう思わない　⑤ほとんどそう思わない　⑥わからない

アンケートの結果は、レーダーチャートなどで視覚化し、ビジョンの定着にどのような弱みがあるかチェックして対応してください。

私は行ったことはありませんが「ビジョン検定」という形で、定着を測る方法もあるようです。これは経営理念の検定試験を社員に課すやり方で①学習　②測定（検定試験）　③結果分析という三つのステップで行います。

まずは少ない問題を解いて経営理念を理解してもらうステップ。次に中間的なテストを行い、自分の得意不得意を理解しながら学習を続け、再度テストを受けます。そして最後に結果を本人にフィードバックしながら分析し、全体の傾向（どの理念の理解が乏しいかなど）を把握したりします。

これらすべてをWEB上のeラーニングシステムで提供すれば労力は少なく、理念のブラッシュアップも進むようです。詳細は『社長の思いが伝わる「ビジョン検定」のすすめ』（日本能率協会マネジメントセンター）にありますので、興味のある方は参考にしてください。

図31　エベレット・M・ロジャーズのイノベーター理論

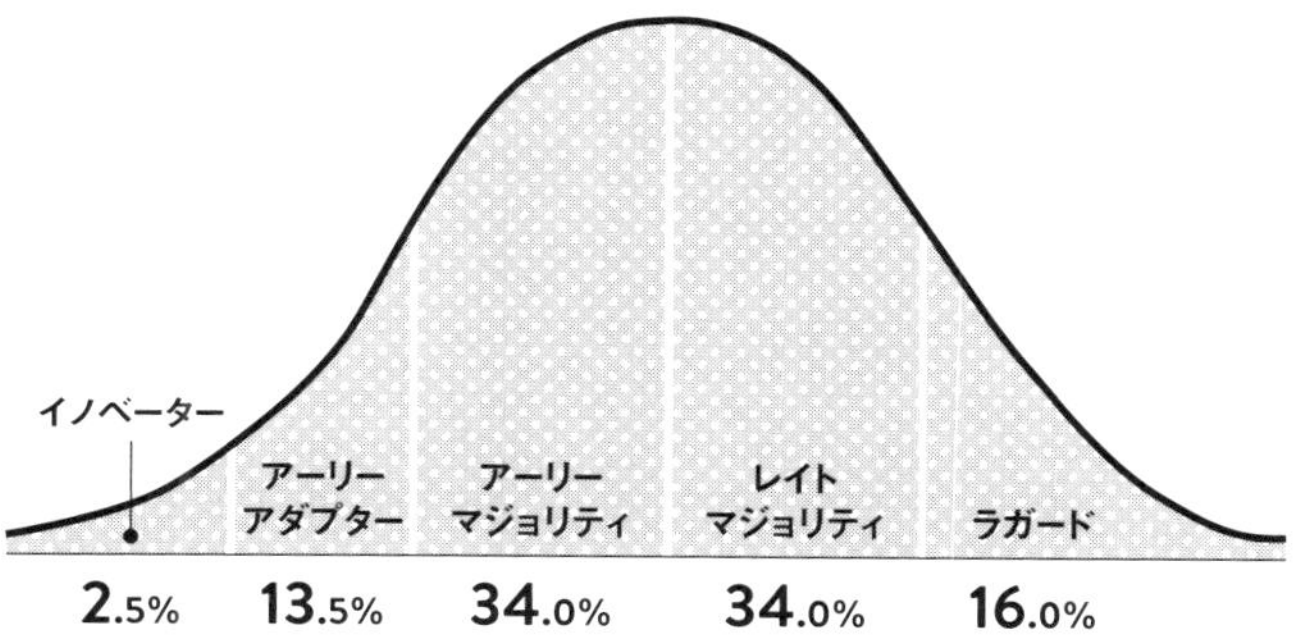

ビジョンの定着度は大きい組織になるほど、イノベーター理論の図31のように普及していくと仮定できます。イノベーター理論とはスタンフォード大学エベレット・M・ロジャース教授が提唱した理論ですが、消費者を新商品の購入態度で五つに分類したものです。

五つの層は図31のように分かれています。イノベーターと言われる新しいものにはとりあえず飛びついて試す層、アーリーアダプターと言われる早めに導入し、周囲に影響を与える層、そして7割を占める大多数のアーリーとレイトのマジョリティ層、最後のなかなか手を出さない保守的な層（もしかしたら会社で言えば既存の価値や既得権益にしがみつく層かもしれません）がラガードです。

カギはオピニオンリーダー層でもあるアーリーア

ダプター13・5％の層をいかに早くつくるかにあります。この層にビジョン行動が定着し、彼らから成功体験が生まれることで、アーリーマジョリティ層が動きやすくなります。こうした想定で普及シナリオを書いておくとよいでしょう。

アンケートの定着率の調査も初期目標がイノベーター＋アーリーアダプターの16％、これにアーリーマジョリティを加えた50％を中期目標に進めるとよいでしょう。

ラガードの層はビジョンを受け入れ、会社が変わっていく中で、ついていけなくなり辞める人と、徐々に変化を受け入れ変わる人に分かれます。

いずれにせよ、まずは、つくり、使うことです。そうすれば、すべては動き出します。

★　★　★

さて。ビジョンを取り巻く現状を整理し、ビジョンづくりの事前準備を詳《つまび》らかにした第一部。そして、ビジョンや理念系のことばの定義、つくり方、定着のさせ方までを語った第二部。二部構成、全6章を通じて、ビジョンの全体像を伝えることを目的にしたこの本も、ここで終わります。

しかし、現実の世界では、ここからが本当のスタートです。ビジョンという強力な武器を手に入れて行う活動は、この本を置いたときからが本番なのです。手を抜かず、気を抜かず。でも、ワクワクとした気持ちで「ビジョンを持った日々」へと一歩を踏み出してください。

ビジョンを掲げて前進することは、困難は伴いつつも、夢ある日々を生きることに他なりません。

ビジョンとは、夢を生きる方法でもあるのです。そして、それはあらゆる人、組織に、いつの時代であろうと開かれています。

世界は、あなたのビジョンを必ず待っています。

たったいま、この瞬間も、すべての場所で。

あとがき

Epilogue

本書は、私の中にある、ある種の焦燥感のようなものが書かせたものです。熱情と義務感が溶け合ったシチューのような気持ちが書かせたと言ったらよいでしょうか。そういう意味では、やはりやむにやまれぬ気持ちで書いた、コンセプトのつくり方を扱った『無印良品の「あれ」は決して安くないのになぜ飛ぶように売れるのか？』に続く著作です。

この焦燥感は、あるべき未来像をなかなか描けない隔靴掻痒《かっかそうよう》感、あるいは臆病なカタツムリのように殻に閉じこもり、なぜかあるがままの現実を見ようとしない、この国への違和感です。

ここ10年、20年の停滞を見ていると、停滞とはチャレンジしない状態ではなく、チャレンジするということが、どういう心の状態なのかも忘れた状態なのだということを痛感します。海外のメディアに描かれる日本の姿を見ていると、この国だけが時間が止まった不思議な〝透明な鎖国状態〟に陥っていると感じることがあります。

日本は人口減の長い坂道を下り始めています。

この歴史的な人口減、つまり病原菌や戦争・災害などを主因とするのではなく、完全な自然減で人口が劇的に減っていく人口減、そしてそれがもたらす超高齢社会は、この国が、人類史のトップバッターとして迎えている現実です。

私たち日本人は、好むと好まざるとにかかわらず、そう認識していようがいまいが、もうすでに、とっくにこの〝人類史的な課題のバッターボックス〟に先頭打者として立っているのです。


いまの大人たちの手に、近所の公園で遊ぶ子どもたちに手渡せる未来像はあるのか。せめて昭和世代が１９６４年の東京オリンピックを迎えたときのような、未来に対する明るさの混じった気持ちの、その半分でも手渡せないものか。そう考えるとき、私の中には、いつも焦りに似た気持ちが生じてしまいます。


しかし、かすかな希望の兆しも見えます。

20代、30代に幾人もの次世代のリーダーと目せる人間が現れています。社会貢献の道に進むエリートたちや、新しい生き方、職業の在り方を追求する若者も増えています。興味深くも面白い流れが、細々とではありますが、社会のそこかしこに出現しているように感じるのです。

ただ、社会の方向を指し示すような大きな流れにはなっていないのが現状です。

あてどない、海図もＧＰＳもないような、さらには目的地も決めずに航海に出ているような、いまの私たちの在り方は、そう長くは続かないでしょう。タイタニックのように氷山にぶつかるか、嵐に巻き込まれるか、座礁するかが落ちです。この状態を風まかせ、あるいはリアクションで乗り切ることはできません。行先を定め、素早く小さくトライ＆エラーを繰り返しながら、進むしかないのです。

私たちが真っ先に行わなければならないのは、私たち個々と公共の架け橋となるような「ビジョン」を見出《みいだ》すことです。現実を見据えたうえで、それでも未来に跳躍する勇気がわいてくるような「ビジョン」を創るべきなのです。

どうか、あなたが居る場所で、あなたがやれる範囲で「ビジョン」を創り、その「ビジョン」とともに進むということを行ってみてください。こうした同時多発的に発生する小さな試みが、気づかぬうちに大きな流れを引き起こすのです。

その流れを、そう遠くない未来に見ることを願いつつ、筆を擱きたいと思います。

さて。本書は、私ひとりの力では到底日の目を見ることはありませんでした。

本を書くのは出産に近い、と言うと女性たちに笑われてしまうでしょうが、それでも、もやもやとじぶんの脳内にある思いや知識をつないで編み上げていく作業は、まるで脳からの出産のようで毎度毎度へとへとになってしまいます。
まわりの励ましや協力がなければ無理だと、これも毎度毎度思います。謝辞を捧げたいと思います。

ＡＩ企業の視点で第2部のパートをチェックしてくれた株式会社ロボマインドの田方篤志さん、ときどき出て来る英文翻訳のチェックをしてくれた私の英語の師匠でもある翻訳家の栗宇美帆さん、そして執筆時に何度も励ましをいただいたエグゼクティブコーチの守家火奈子さんに、まず感謝したいと思います。みなさんのサポートは原稿の完成度を上げていくのに本当に助けになりました。

また、作家の本田健さんにはお忙しい中、本書の構成に関して貴重なアドバイスをいただきました。ありがとうございます。

執筆に半年以上もかかり、取材などで会社を空けることも多かったのに、きちんと本書を仕上げられたのは、日常的な仕事の大半をつつがなく進行させてくれたメインスタッフである内田健一の頑張り、そして青山国雄、高柳しのぶの協力がなければ到底無理だったでしょう。心より感謝したいと思います。本当にありがとう。

さらに私のマーケティングの師匠である小林正弥さん、いつもいろいろとアドバイスをくれる菅畠斉伸さんにも執筆中いろいろなサポートをもらいました。感謝いたします。

出版のきっかけをつくってくれ、また企画から実際の執筆まで足かけ3年という長い期間、朝日新聞出版の担当編集者である森鈴香さんには本当にお世話になりました。あたたかい励ましのおかげで、真冬から酷暑の夏まで原稿をコツコツと書きつないでいくことができました。心から感謝いたします。

また、帯文を寄せていただいた一橋大学大学院教授の楠木建先生にも、心より感謝申し上げます。

ベストセラー『ストーリーとしての競争戦略――優れた戦略の条件』（東洋経済新報社）は、一読以来、私の座右の書として数多くの付箋が貼られ、また傍線で汚れている本で、こういう本がいつか書けたらと思う、はるかな遠い目標でもあります。拙稿を読んでいただき、帯文をいただけたことは大変光栄に思います。本当にありがとうございました。

この他にも、たくさんの友人・知人に応援してもらいこの本は誕生しました。

最後に勝手ながら、いつもせっかちで気分が上下しやすい自分を、辛抱強くかつあたたかく見守ってくれる妻・麻里子と娘・杏香、姪っこ・亜紗子。そしていつも応援してくれる母・教、妹・加奈子、弟・大輔にも、ありがとう！

そして、いちばんの感謝は、この本を手に取り、読んでくださった読者のみなさまに捧げます。あなたの存在がなければ、この本は書かれもせず、生まれもしなかったのです。
いつかどこかで、あなたと素晴らしい「ビジョン」を語り明かすことを夢見つつ。

２０１８年　初冬の横浜にて

江上隆夫

参考文献

・平田オリザ著『下り坂をそろそろと下る』（講談社現代新書２３６３）講談社、２０１６年
・内田樹著『日本辺境論』（新潮新書３３６）新潮社、２００９年
・ブラッド・ストーン著、井口耕二訳『ジェフ・ベゾス――果てなき野望』日経ＢＰ社、２０１４年
・リチャード・ブラント著、井口耕二訳『ワンクリック――ジェフ・ベゾス率いるAmazonの隆盛』日経ＢＰ社、２０１２年
・佐藤将之著『アマゾンのすごいルール』宝島社、２０１８年
・イヴォン・シュイナード、ヴィンセント・スタンリー著、井口耕二訳『レスポンシブル・カンパニー』ダイヤモンド社、２０１２年
・イヴォン・シュイナード著、井口 耕二訳『新版 社員をサーフィンに行かせよう――パタゴニア経営のすべて』ダイヤモンド社、２０１７年
・Forbes JAPAN テキスト：藤吉雅春著『COVER STORY 慎泰俊 五常・アンド・カンパニー共同

経営者兼代表取締役　ピープルビジネスとは何か？「地球全員が一肌脱ぐシステム」への道』２０１８年８月号、24－31ページ、アトミックスメディア
・日本経済新聞『企業価値、22社が１００億円以上　ＮＥＸＴユニコーン調査』２０１７年11月20日付電子版
・日本経済新聞『「金融サービス、不平等なくす」五常・アンド・カンパニー　慎泰俊代表』２０１７年12月８日付朝刊
・日本経済新聞『夢かなえる小口融資　世界に広げる　（アントレプレナー）五常・アンド・カンパニー　慎泰俊代表』２０１８年６月25日付電子版
・日本経済新聞『五常・アンド・カンパニー、10億円調達』２０１８年６月29日付電子版
・日本経済新聞『トヨタも頼るＡＩ異能の１００人集団　プリファードのすべて（１）』２０１８年１月15日付電子版
・日本経済新聞『35歳コンビ、「盛田・井深の再来」か　プリファードのすべて（２）』２０１８年１月16日付電子版
・日本経済新聞『10日で書き上げたＡＩの世界標準　プリファードのすべて（３）』２０１８年１月23日付電子版
・日本経済新聞『もうクラウドじゃない　異端のＡＩ、巨人を動かす　プリファードのすべて（４）』２０１８年１月29日付電子版

・福岡市『「グローバル創業都市・福岡」ビジョン』2015年3月
・福岡市『福岡市まち・ひと・しごと創生総合戦略――キラリと光るアジアのリーダー都市をめざして』2015年10月
・リチャード・フロリダ著、井口典夫訳『クリエイティブ・クラスの世紀』ダイヤモンド社、2007年
・朝日新聞GLOBE『遺伝子操作　解読、編集の次は人工細胞へ』2018年7月1日発行　通巻207号、03ページ
・ケヴィン・ケリー著、服部桂訳『〈インターネット〉の次に来るもの――未来を決める12の法則』NHK出版、2016年
・ケヴィン・ケリー著、服部桂訳『テクニウム――テクノロジーはどこへ向かうのか？』みすず書房、2014年
・公文俊平著『情報社会学序説――ラストモダンの時代を生きる』（NTT出版ライブラリーレゾナント001）NTT出版、2004年
・公文俊平著『情報社会のいま――あたらしい智民たちへ』NTT出版、2011年
・新井紀子著『AI vs. 教科書が読めない子どもたち』東洋経済新報社、2018年
・ピーター・H・ディアマンディス、スティーヴン・コトラー著、熊谷玲美訳『楽観主義者の未来予測――テクノロジーの爆発的進化が世界を豊かにする』（上・下）早川書房、2014年

・アルビン・トフラー、田中直毅著『「生産消費者」の時代』（NHK未来への提言）NHK出版、2007年
・野口悠紀雄著『「産業革命以前」の未来へ――ビジネスモデルの大転換が始まる』（NHK出版新書550）NHK出版、2018年
・エマニュエル・トッド、ピエール・ロザンヴァロン、ヴォルフガング・シュトレーク、ジェームズ・ホリフィールド著『世界の未来――ギャンブル化する民主主義、帝国化する資本』（朝日新書653）朝日新聞出版、2018年
・サイモン・シネック著、栗木さつき訳『WHYから始めよ！―インスパイア型リーダーはここが違う』日本経済新聞出版社、2012年
・慶應義塾大学大学院SDM研究科作成・監修 NIKKEI DESIGNセミナー『デザイン・シンキング実践ワークショップ――デザイン思考とシステム思考の融合で真のイノベーション創出へ』テキスト2014年・2015年・2016年版
・ジェームズ・C・コリンズ、ジェリー・I・ポラス著 山岡洋一訳『ビジョナリー・カンパニー――時代を超える生存の原則』日経BP出版センター、1995年
・ケン・ブランチャード、ジェシー・ストーナー著、田辺希久子訳『ザ・ビジョン――進むべき道は見えているか』ダイヤモンド社、2004年
・バート・ナヌス著、産能大学ビジョン研究会 木幡昭、廣田茂明、佐々木直彦訳『ビジョン・リーダ

ー――魅力ある未来像《ビジョン》の創造と実現に向かって』産能大学出版部、1994年
・田中雅子著『経営理念浸透のメカニズム――10年間の調査から見えた「わかちあい」の本質と実践』中央経済社、2016年
・宮田矢八郎著『収益結晶化理論――『TKC経営指標』における「優良企業」の研究』ダイヤモンド社、2003年
・佐藤信也、秋山進著、イー・コミュニケーションズ編『社長の思いが伝わる「ビジョン検定」のすすめ――経営理念が全社員に浸透するとっておきの方法』日本能率協会マネジメントセンター、2012年

＊インターネット経由の情報は基本的に本文中に明示したため参考文献には含めませんでした。ご了承ください。なお、本書に登場する企業、用語、事実関係の確認には幅広くインターネット上の各種情報及び辞書等を参考にしております。

江上隆夫　Takao Egami

株式会社ディープビジョン研究所　代表取締役
ブランド戦略コンサルタント

「本質からブランドを組み立てる」というアプローチで、全国の中小企業から大企業までブランドづくりのコンサルティングを行っている。

長崎県五島列島出身。大学卒業後いくつかの広告制作会社を経て 18 年近く大手広告代理店アサツーディ・ケイにてコピーライター及びクリエイティブ･ディレクターとして、さまざまな業種の企業広告キャンペーンやブランド構築にかかわる。朝日広告賞、日経広告賞グランプリ、日経金融広告賞最高賞、東京コピーライターズクラブ新人賞ほか数多くの受賞で評価を高め、2005 年に独立。現在は、クリエイティブを行う「ココカラ」と､ブランド･コンサルティングやセミナーなどを行う「ディープビジョン研究所」の 2 社を経営している。

企業全体を俯瞰で見てデータ的・マーケティング的に捉える手法、企業カルチャーや独自性などから価値を引き出すデザイン思考的な手法、またビジョンやミッション、コンセプトなどを引き出すクリエイティブ的な手法の、三つの手法を組み合わせた“ESSENTIAL BRANDING”（エッセンシャル・ブランディング）を提唱。数千万から百億を超える規模までのブランド運営にかかわり、数多くの企業、経営者に支持されている。

最近はブランディングやコンセプトづくりなどの企業研修、イノベーションスキルを開発する事業、個人向けにブランディングを教える塾“創風塾”を主宰するなど、活動の幅を広げている。

著書にロングセラーになっている『無印良品の「あれ」は決して安くないのになぜ飛ぶように売れるのか？』『降りてくる思考法』（いずれも SB クリエイティブ刊）。開発商品に発想支援のための「イノベーションカード」(デキル。株式会社 / イノベーションデザイン協会）などがある。

ディープビジョン研究所　https://deepvisionlab.jp
ココカラ　https://cocokara.jp
創風塾　https://sofu.tokyo

THE VISION《ザ・ビジョン》

あの企業《きぎょう》が世界《せかい》で急成長《きゅうせいちょう》を遂《と》げる理由

2019年1月30日　第1刷発行
2020年10月30日　第3刷発行

著者　江上隆夫
発行者　三宮博信
発行所　朝日新聞出版
〒104-8011　東京都中央区築地5-3-2
電話　03-5541-8814（編集）
03-5540-7793（販売）

印刷所　大日本印刷株式会社

Published in Japan by Asahi Shimbun Publications Inc.
ISBN 978-4-02-331751-2

定価はカバーに表示してあります。

落丁・乱丁の場合は弊社業務部
（電話03-5540-7800）へご連絡ください。
送料弊社負担にてお取り替えいたします。